职业院校课程改革特色教材（汽车类）

ZHIYE YUANXIAO KECHENG GAIGE TESE JIAOCAI (QICHELEI)

汽车电气设备一体化教程（第2版）

（附微课视频）

■ 车小平　总主编

宁斌　李缘忠　李建华　主编

阮为平　梁莉　范怀宇　郑光就　副主编

人民邮电出版社

北京

图书在版编目（CIP）数据

汽车电气设备一体化教程：附微课视频 / 宁斌，李缘忠，李建华主编. -- 2版. -- 北京：人民邮电出版社，2017.8（2023.1重印）
职业院校课程改革特色教材. 汽车类
ISBN 978-7-115-46140-7

Ⅰ. ①汽… Ⅱ. ①宁… ②李… ③李… Ⅲ. ①汽车－电气设备－高等职业教育－教材 Ⅳ. ①U463.6

中国版本图书馆CIP数据核字(2017)第162384号

内 容 提 要

本书以培养学生从事汽车维修的技能为核心，以工作过程为导向，采用项目教学的方式组织内容，每个项目均来源于企业的典型案例。全书主要内容包括汽车电源系统、汽车起动系统、汽车点火系统、照明/信号/仪表及报警系统和辅助电气设备等。基于企业的典型案例，本书详细介绍各系统的结构、工作原理，典型零部件的拆装、调整及检修方法等。每个项目由任务描述、知识准备、任务实施、拓展训练及综合训练等内容模块组成。通过学习和训练，学生不仅能够掌握汽车发动机的构造、正确的拆装方法、零部件的检查及常见故障的排除方法，而且能够掌握汽车主要零部件的更换、汽车发动机相关故障的排除等维修技能。

本书既可作为中高等职业技术学院、技工学校汽车类专业的教学用书，也可供相关技术人员参考、学习和培训使用。

◆ 总 主 编　车小平
　 主　　编　宁　斌　李缘忠　李建华
　 副 主 编　阮为平　梁　莉　范怀宇　郑光就
　 责任编辑　刘　佳
　 责任印制　焦志炜

◆ 人民邮电出版社出版发行　　北京市丰台区成寿寺路 11 号
　 邮编　100164　电子邮件　315@ptpress.com.cn
　 网址　https://www.ptpress.com.cn
　 涿州市京南印刷厂印刷

◆ 开本：787×1092　1/16
　 印张：7.75　　　　　　　　2017 年 8 月第 2 版
　 字数：193 千字　　　　　　2023 年 1 月河北第 9 次印刷

定价：22.00 元

读者服务热线：(010)81055256　印装质量热线：(010)81055316
反盗版热线：(010)81055315
广告经营许可证：京东市监广登字 20170147 号

汽车电气设备一体化教程（第2版）（附微课视频）

编 委 会

总主编：车小平

主　编：宁　斌　李缘忠　李建华

副主编：阮为平　梁　莉　范怀宇　郑光就

参　编：李素强　李高任　黄影航　李国君　周　葳

　　　　周丽萍　钟明航　王　程　农石宝　黄　坚

　　　　赵梓稀　韦国卫

PREFACE 前言

维修人员如何在没有高精尖检测设备或利用检测仪器不能准确判断出故障的情况下凭着经验诊断故障，是汽车维修人员的专业基本技能。

本书以工作过程为导向，以典型工作任务为载体，采用项目教学的方式组织内容，每个项目（任务）均来源于企业的典型案例，由任务描述、知识准备、任务实施、拓展训练及综合训练等内容模块组成。在知识准备和任务实施两个部分增加了一些小栏目，如"提示"等。在任务描述部分，给出工作任务及完成此工作任务所需要的理论知识和技能；在知识准备部分给出完成该项目必须具备的知识与技能，包括工作原理、拆装步骤及零部件的检修方法等；在任务实施部分，介绍了各总成的拆装、检修及调整方法。

本书配有相对应的学生学习手册，学生在完成手册中的技能操作后，可以巩固相应的理论知识。每个主要的项目都有考核，教师对学生的操作技能及时评价，在教学中就能把教、学、做、考有机结合在一起；同时在学生掌握基础理论及技能的前提下，引入汽车维修企业的工作模式，教师布置一项任务，由学生按照维修企业的规范操作流程，在教师的引导下完成学习任务——本教材也就完成了教学任务与维修企业工作任务的无缝对接，既能检验学生掌握专业技能的水平，同时也能体现教师的教学水平。

本书增加微课、专业技能操作视频，线上线下同时教学，实现了教育资源利用最大化的目标。

本书的参考学时为 96～120 学时，建议采用理论实践一体化教学模式。各项目的参考学时见下面的学时分配表。

学时分配表

项　　目	课 程 内 容	学　　时
项目一	汽车电源系统	18～24
项目二	汽车起动系统	22～26
项目三	汽车点火系统	18～24
项目四	照明、信号、仪表及报警系统	16～20
项目五	辅助电气设备	22～26
课时总计		96～120

本书由宁斌、李缘忠、李建华担任主编；阮为平、梁莉、范怀宇、郑光就担任副主编；李素强、李高任、黄影航、李国君、周葳、周丽萍、钟明航、王程、农石宝、黄坚、赵梓稀、韦国卫参与了全书的编写。

由于编者水平和经验有限，书中不妥或疏漏之处在所难免，恳请读者批评指正。

编者

2017 年 4 月

目 录 CONTENTS

1 汽车电源系统

知识目标

1. 了解蓄电池的结构及工作原理。
2. 了解发电机的结构及工作原理。

能力目标

1. 能对蓄电池进行充电。
2. 能正确地拆装发电机。
3. 能正确检查发电机的零部件。

任务描述

本项目主要介绍汽车电源系统的主要组成部分：蓄电池、发电机及电压调节器的作用、组成和工作原理；蓄电池技术状况检查和维护，以及蓄电池的充电作业；交流发电机的拆装、检测流程；常见车型电源系统的电路图等知识。

知识准备

一、电路和电路图

1. 电路

电路是指电流可在其中流通的器件或媒质的组合。图 1-1 所示的是一个最简单的电路。当开关闭合时，电流流过白炽灯，使白炽灯发光；当开关断开时，无电流通路，因此电灯不会发光。

1—电源；2—开关
3—连接导线；4—用电设备

图 1-1 双线制电路图

2. 电路图

通常把电路中的实物用简单的电气图形符号来表示，这样的图称为电路图。

3. 汽车电路的单线制

电源和用电设备之间用两根导线构成回路时的连接方式称为双线制。

电源和用电设备之间通常只用一根导线连接，另一根导线则由车体的金属部分代替而构成的回路，称为单线制。图 1-2 所示为负极搭铁的单线制电路图，单线制实物图如图 1-3 所示。

注意　采用单线制时，蓄电池的一个极必须用导线接到车体上，通常称为搭铁，用符号"⊥"表示。如果把蓄电池的负极与车体相接就称为负极搭铁；如果把蓄电池的正极与车体相接就称为正极搭铁。

图 1-2　单线制电路图　　　　　　　　　图 1-3　单线制实物图

由于负极搭铁时对无线电干扰较小，因此现在世界各国的汽车采用负极搭铁的较多。

4. 电路的状态

（1）通路（闭路）

通路（闭路）就是电源和负载构成了闭合回路，开关 SA 闭合时的工作状态即为通路状态。通路状态根据负载的大小可分为 3 种，如图 1-4 所示。

图 1-4　通路状态的分类

（2）断路

断路（开路）就是电源和负载未构成闭合回路，此时电路中无电流通过，如图 1-5 所示。

（3）短路

短路就是电源未经负载而直接由导体接通构成闭合回路，如图 1-6 所示。图 1-6 中折线箭头表示 A、B 间短路，这时电流不流过灯泡而经由短路点构成回路。

图 1-5　开路电路图　　　　　　　　　　图 1-6　短路电路图

当电路发生短路或电流超过设备的额定电流时，为了防止导线和电气设备因过热而烧毁，现代汽车电路中都装有短路保护装置，如图 1-7 所示。

注意　　在汽车上，由于采用单线制，因而，当连接电气设备的火线或电气设备中线圈导线的绝缘损坏，使裸导体直接与发动机或车体的金属部分相碰时，也会造成短路。通常把这种火线碰铁的短路故障称为搭铁故障。

图 1-7　短路保护装置图

5. 汽车电路的基本原则

电路包含了很多部件，大部分车辆电气系统都由如下部分组成。

① 电源：蓄电池和交流发电机。

② 保护装置：保险丝和断路器。

③ 控制装置：开关和继电器。

④ 负载：灯泡和电动机。

⑤ 导体：电缆和导线。

⑥ 地线：通常为车辆底盘。

01 电路识图方法

所有电路均必须形成完整的回路。无论路径的数量多少或者部件的位置在哪里，电流必须在一个封闭的回路中流动，从电瓶的正极端子，通过部件到地线，最终返回到电瓶的负极端子，如图1-8所示。

6. 汽车线束及颜色

汽车线束是汽车电路网络的主体，在汽车的整个构造中有着不可或缺的重要地位，没有线束也就不存在汽车电路。在目前，不管是高级豪华汽车还是经济型普通汽车，线束编成的形式基本上是一样的，都由电线、联插件和包裹胶带组成。

从功能上来分，汽车线束有运载驱动执行元件（作动器）电力的电力线和传递传感器输入指令的信号线两种。

图 1-8　汽车线路连接图

电力线是运送大电流的粗电线，而信号线是不运载电力的细电线（光纤通信）。例如：信号电路用的导线截面积为 $0.3mm^2$、$0.5mm^2$；在电动机、执行元件用的导线截面积为 $0.85mm^2$、$1.25mm^2$；电源电路用导线截面积为 $2mm^2$、$3mm^2$、$5mm^2$；而特殊电路（起动机、交流发电机、发动机接地线等）则有 $8mm^2$、$10mm^2$、$15mm^2$、$20mm^2$ 等不同规格。

随着汽车电器的增多，导线数量也不断增加。为了便于维修，低压导线常以不同颜色来区分。其中，横截面积在 $4mm^2$ 以上的采用单色，而 $4mm^2$ 以下的采用双色，搭铁均用黑色。图1-9所示为导线颜色代码。

导线颜色代码
缩写

WHT—白色　　PNK—粉红色　　GRN—绿色　　LT BLU—浅蓝色

YEL—黄色　　BRN—棕色　　　RED—红色　　LT GRN—浅绿色

BLK—黑色　　GRY—灰色

BLU—蓝色　　PUR—紫色

ORN 橙色

白色/黑色

绝缘层基色　条纹色

02 电路基础元件

图 1-9　导线颜色代码

二、汽车电气设备的构成

汽车上电气设备很多，可划分为 8 大部分。

（1）电源系统。由蓄电池、发电机和调节器等组成，是汽车的低压电源。

（2）起动系统。主要由起动机和继电器组成，其任务是起动发动机。

（3）点火系统。主要由点火线圈、分电器和火花塞等组成。其功能是将低压电转变为高压电，产生电火花，点燃气缸中的可燃混合气。现代汽车发动机上使用的点火系统大致可分为传统触点式点火系统、电子点火系统和计算机控制点火系统 3 种。

（4）照明及信号装置。包括各种照明和信号灯及喇叭、蜂鸣器等。其任务是确保车内外照明和保证各种运行条件下的人车安全。

（5）仪表。有电流表、机油压力表、水温表、燃油压力表、车速里程表和发动机转速表等。汽车仪表正向数字化、屏幕化发展，属于汽车的检测设备。

（6）舒适系统。主要有暖风机、空调和音响视听装备等。其任务是为驾驶员和乘客提供良好的工作条件和舒适安乐的环境。

（7）微机控制系统。包括发动机变速中心（EEC）、车辆行驶中心（VEC）和驾驶员信息中心（DIC）三大类。目前已经进入实用阶段的电子控制装置有电子控制燃油喷射系统（EFI）、电子控制点火系统（ESA）、电子控制自动变速箱（EAT）和电子防抱死自动装置（ABS）。

（8）辅助电器。包括电动刮水器、电动汽油泵、挡风玻璃洗涤设备、电动玻璃、电动座椅和防无线电干扰设备等。

三、汽车电气设备的特点

汽车种类繁多，电气设备十分复杂，但其基本原理是相同的，特点也基本一致，可用 16 字来概括，即"两个电源、低压直流、并联单线、负极搭铁"。

（1）两个电源。即蓄电池和发电机。蓄电池主要在汽车起动时供电。发电机是主要电源，它在汽车正常运行时向用电设备供电，同时还给蓄电池充电。

（2）低压直流。汽车用电源电压有 6V、12V 和 24V 三种，以 12V 和 24V 为多。使用直流电主要是从蓄电池充、放电来考虑的。

（3）并联单线。汽车上的所有用电设备跟交流电系一样，均采用并联，所不同的是汽车电系的电压低，属于安全电压。发动机、底盘等金属可成为各种电器的一条公用线路，这样由电器到电源就只需一条导线了，这就是所谓单线制。

（4）负极搭铁。汽车电气系统采用单线制时，必须统一电源负极搭铁。

四、蓄电池

蓄电池是一种化学电源，靠其内部的化学反应来储存电能或向用电设备供电。目前燃油汽车上使用的蓄电池主要有两大类，即铅酸蓄电池（以下简称铅蓄电池）和镍碱蓄电池。同时，由于人们对燃油汽车排放要求的提高和能源危机的冲击，各国正在不断探索和研制电动汽车，其主要的动力源为新型高能蓄电池。

1. 汽车蓄电池型号识别

蓄电池的型号由三部分组成，各部分之间用短线分开。

① 第一部分为串联单格电池数，用阿拉伯数字表示。

② 第二部分为电池类型和特征，常用汉字的第一个字母表示。电池特征为附加部分，仅在同类用途的产品具有第二种特征（A 表示干荷电、H 表示湿荷电、W 表示免维护、S 表示少维护、Q 表示起动、I 表示胶质电解液）。

③ 第三部分为电池的额定容量，其单位不是用 C 而是用 A·h，一般在型号中可略去不写，有时在额定额量后面用一个字母表示特殊性能，其中 G 表示高起功率、S 表示塑料外壳、D 表示低温起动性能。

例如：6-QW-120R 型蓄电池，由 6 个单格电池组成，额定电压为 12V（6×2V=12V），额定容量为 120A·h 的起动用免维护铅蓄电池，具有低温起动的性能，如图 1-10 所示。

03 认识蓄电池

图 1-10　汽车蓄电池型号识别

（1）铅蓄电池

铅蓄电池由于结构简单、价格便宜、内阻小且可以在短时间供给起动机强大的起动电流而被广泛采用。铅蓄电池又可以分为普通铅蓄电池、干荷电铅蓄电池、湿荷电铅蓄电池和免维护铅蓄电池。各种铅蓄电池的特点如表 1-1 所示。

表 1-1　　　　　　　　　　　　　　　铅蓄电池的特点

类　型	特　点
普通铅蓄电池	新蓄电池的极板不带电，使用前需按规定加注电解液并进行初充电，初充电的时间较长，使用中需要定期维护
干荷电铅蓄电池	新蓄电池的极板处于干燥的已充电状态，电池内部无电解液。在规定的保存期内，如需使用，只需按规定加入电解液，静置 20～30min 即可使用，使用中需要定期维护

续表

类　型	特　点
湿荷电铅蓄电池	新蓄电池的极板处于已充电状态，蓄电池内部带有少量电解液。在规定的保存期内，如需使用，只需按规定加入电解液，静置 20～30min 即可使用，使用中需要定期维护
免维护蓄电池	使用中不需维护，可用 3～4 年不需补加蒸馏水，极桩腐蚀极少，自放电少

（2）免维护蓄电池

免维护蓄电池又称 MF 蓄电池，也属于铅蓄电池。免维护是指在汽车合理使用期间，不需要对蓄电池进行加注蒸馏水、检测电解液液面高度和检测电解液密度等维护作业。免维护蓄电池的特点如下。

04 认识免维护蓄电池

① 栅架材料采用铅钙合金，既提高了栅架的机械强度，又减少了蓄电池的耗水量和自放电。使用过程中不需补加蒸馏水（一般可达 3～4 年）。

② 采用了袋式微孔聚氯乙烯隔板，将正极板装在隔板袋内，既可避免正极板上的活性物质脱落，又能防止极板短路。因此壳体底部不需要凸起的肋条，降低了极板组的高度，增大了极板上方的容积，使电解液储存量增多。

③ 自放电少，仅为普通蓄电池的 1/8～1/6，因此可以较长时间（一般为 2 年）湿储存。

④ 内阻小，具有较高的放电电压和较好的起动性能，耐过充电性能好，极柱无腐蚀或腐蚀极轻。

⑤ 耐热、耐震性好，使用寿命长。使用寿命一般在 4 年以上。

⑥ 蓄电池内部安装有电解液密度计，可自动显示蓄电池的存电状态和电解液液面的高低。如果密度计的观察窗呈绿色，表明蓄电池存电充足，可正常使用；若显示深绿色或黑色，表明蓄电池存电不足，需补充充电；若显示浅黄色，表明蓄电池已接近报废，如图 1-11 所示。

1—绿色（充电程度为 65%或更高）；2—黑色（充电程度低于 65%）；3—浅黄色（蓄电池有故障）；

4—蓄电池盖；5—观察窗；6—光学的荷电状况指示器；7—绿色小球

图 1-11　电池观察孔

⑦ 采用了新型安全通气装置和气体收集器，在孔盖内部设置一个氧化铝过滤器，可阻止水蒸气和硫酸气体通过，同时又可以使氢气和氧气顺利逸出。通气塞中装有催化剂钯，可促使氢、氧

离子重新结合成水回到蓄电池中。

蓄电池是一种可逆的低压直流电源，它既能将化学能转化为电能，也能将电能转换为化学能。蓄电池在整车上的位置，如图 1-12 所示。

图 1-12 蓄电池安装位置

蓄电池可分为碱性蓄电池和酸性蓄电池两大类，其主要用于起动发动机，汽车上一般采用铅蓄电池。汽车上装有蓄电池与发电机两个直流电源，全车用电设备均与直流电源并联连接，电路图如图 1-13 所示。

图 1-13 蓄电池的电气连接图

蓄电池的作用有如下几点。

① 发动机起动时，向起动机和点火系统供电。

② 发动机低速运转时，向用电设备和发电机磁场绕组供电。

③ 发动机中、高速运转时，将发电机剩余电能转化为化学能储存起来。

④ 发电机过载时，协助发电机向用电设备供电。

⑤ 蓄电池相当于一个大电容器，能吸收电路中出现的瞬时过电压，保护电子元件，保持汽车电气系统电压稳定。

2. 蓄电池的基本结构

铅蓄电池主要由正负极板、隔板、电解液、外壳、汇流条、极柱、蓄电池盖及加液孔盖等部分组成（如图 1-14 所示）。额定电压 12V 的蓄电池由 6 个单格串联而成，每单格的额定电压为 2V。

05 蓄电池结构

1—负极柱；2—加液孔盖；3—正极柱；4—穿壁连接；5—汇流条；

6—外壳；7—负极板；8—隔板；9—正极板

图1-14　蓄电池结构图

3. 蓄电池的工作原理

蓄电池的工作原理就是化学能与电能的互相转化。当蓄电池将化学能转化为电能而向外供电时，称为放电过程；当蓄电池与外界直流电源相连将电能转化为化学能存储起来时，称为充电过程。

（1）放电过程

当蓄电池充足电时，正极板上的活性物质是二氧化铅，负极板上的活性物质纯铅，在电解液（纯硫酸＋蒸馏水）的作用下，发生以下化学反应：

$$PbO_2 + 2H_2SO_4 + Pb \rightarrow PbSO_4 + 2H_2O + PbSO_4$$

反应前：正极（二氧化铅）、电解液（硫酸）、负极（纯铅）。

反应后：正极（硫酸铅）、电解液（水）、负极（硫酸铅）。

06 蓄电池放电过程

如果电路不中断，上述电化学反应将持续进行。电解液中的硫酸因氢离子和硫酸根离子的迁移而被消耗，生成了水。所以放电后电解液的密度是逐渐下降的。这个过程一直进行到化学反应不能再继续进行为止。

（2）充电过程

如果把放电后的蓄电池与一直流电源连接，使蓄电池正极接直流电源的正极，蓄电池的负极接直流电源的负极。当外加电源电压高于蓄电池电动势时，电流将以放电电流相反的方向流过蓄电池，使蓄电池正、负极发生与放电相反的化学反应：

$$PbSO_4 + 2H_2O + PbSO_4 \rightarrow PbO_2 + 2H_2SO_4 + Pb$$

反应前：正极（硫酸铅）、电解液（水）、负极（硫酸铅）。

07 蓄电池充电过程

反应后：正极（二氧化铅）、电解液（硫酸）、负极（纯铅）。

充电时，正极板外加电流将两个电子经外电路输送到负极板，正极板上原二价铅离子因失去两个电子而成为四价铅离子，再与水反应生成二氧化铅（附着在正极板上）。而在负极板上，由于得到两个电子与原二价铅离子结合生成纯铅（附着在负极板上）。与此同时，从正、负极上电离出来的硫酸根离子则与水中氢离子结合生成硫酸。所以充电时，水被消耗，电解液密度上升。在充电过程中，上述化学反应不断进行。当充电进行到极板上的物质和电解液完全恢复到放电前的状态时，又可向外供电。

铅蓄电池的容量是在规定的条件下，充足电的蓄电池所能输出的电量，单位是 A·h。

4. 蓄电池的维护

① 保持蓄电池外表面的清洁干燥，及时清除极桩和电缆卡子上的氧化物，并确定蓄电池极桩上的电缆连接牢固。

清洗蓄电池时，最好从车上拆下蓄电池，用苏打水溶液冲洗整个壳体（见图 1-15（a）），然后用清水冲洗蓄电池并用纸巾擦干。对蓄电池托架，可先用腻子刀刮净厚腐蚀物，然后用苏打水溶液清洗托架（见图 1-15（b）），之后用水冲洗并干燥。托架干燥后，漆上防腐漆。

（a）清洁蓄电池的极柱　　　　　　　　　　　（b）清洗托架

图 1-15　蓄电池的清洁

对极桩和电缆卡子，可先用苏打水溶液清洗，再用专用清洁工具进行清洁，如图 1-16 所示。清洗后，在电缆卡子上涂上凡士林或润滑油防止腐蚀。

08 蓄电池的清洁和外形检查

图 1-16　清洗极桩和电缆卡子

注意

清洗蓄电池之前，要拧紧加液孔盖，防止苏打水进入蓄电池内部。

② 保持加液孔盖上通气孔的畅通，定期疏通。

③ 定期检查并调整电解液液面高度，液面不足时，应补加蒸馏水。

④ 汽车每行驶1 000km、夏季行驶5~6天或冬季行驶10~15天，应用密度计或高率放电计检查一次蓄电池的放电程度：当冬季放电超过25%、夏季放电超过50%时，应及时将蓄电池从车上拆下进行补充充电。

⑤ 根据季节和地区的变化及时调整电解液的密度。冬季可加入适量的密度为1.40g/cm³的电解液，以调高电解液的密度（一般比夏季高0.02~0.04g/cm³为宜）。

⑥ 冬季向蓄电池内补加蒸馏水时，必须在蓄电池充电前进行，以免水和电解液混合不均而引起结冰。

⑦ 冬季蓄电池应经常保持在充足电的状态，以防电解液密度降低而结冰，引起外壳破裂、极板弯曲和活性物质脱落等故障。

5. 蓄电池的检修

（1）检查蓄电池电解液密度

电解液密度的大小是判断蓄电池容量的重要标志之一。测量蓄电池电解液密度时，蓄电池应处于稳定状态。蓄电池充、放电或加注蒸馏水后，应静置半小时后再测量。

09 蓄电池的检修和保养

蓄电池充电状态与密度的关系如表1-2所示。

表1-2　　　　　　　　蓄电池充电状态与密度的关系

充电状态（%）	100	75	50	25	0
电解液相对密度（g/cm³）	1.27	1.23	1.19	1.15	1.11

用吸式密度计测量电解液密度，其测量过程如图1-17所示。测得的密度值应用标准温度（+25℃）予以校正（同时测量电解液温度）。

图1-17　用吸式密度计测量电解液密度

通过对各个单格电池电解液密度的测量，如图1-18所示，可以确定蓄电池是否失效。如果单格电池之间的密度相差0.05g/cm³，则该电池失效。

10 密度计的使用

图 1-18 电解液密度测量

（2）检测蓄电池电解液液面高度

① 用玻璃管测量法，如图 1-19 所示。主要工具为内径 3～5mm 的玻璃管。液面高度标准值为 10～15mm。

② 观察液面高度指示线法，如图 1-20 所示。正常液面高度应介于两线之间，液面过低时，应加入蒸馏水补充，以恢复正确的液面高度。除非确知电解液溅出，否则不许添加硫酸溶液。

（3）模拟起动放电检修

对于技术状态良好的蓄电池，当以起动电流或规定的放电电流连续放电 15s 时，端电压应不低于规定值。

蓄电池检测仪的电流选择按表 1-3 所示的范围确定。

图 1-19 用玻璃管测液面高度

图 1-20 液面高度实物图

表 1-3　　　　　　　　　　　　　蓄电池电流选择

蓄电池容量（Ah）	放电电流（A）	放电时间（s）	端电压（V）
>100	200～300	15	10.2
50	100～170	15	9.6
30	70～120	15	9.0

量的铅蓄电池充足摘除后，再继续给大容量的蓄电池充足电。

定流充电法有较大的适应性，可以任意选择和调整充电电流，因此可对各种不同状况的铅蓄电池充电，如新蓄电池的初充电、补充充电及去硫化充电等均可采用这种方法。高电压小电流型的充电机较适宜于选定电流充电法。

定流充电法的主要缺点是充电时间长。

（2）定压充电法

在充电过程中，加在铅蓄电池两端的充电电压 U_c 始终保持恒定的充电方法，称为定压充电法。定压充电法的接线如图 1-24 所示。

12 蓄电池充电

图 1-24　定压充电连接图

由于 $I_c=(U_c-E)/R$，因此在定压充电开始时，充电电流很大。此后随铅蓄电池电动势 E 的增大，充电电流 I_c 的逐渐减小，至充电终了时，充电电流 I_c 将自动降到零。这样，在充电过程中无需专人照管，不需要调节。另外，采用定压充电法时，开始充电电流很大，充电后 4～5h 内铅蓄电池就可以获得本身容量的 90%～95%，因而可大大缩短充电时间。所以定压充电法较适合于铅蓄电池在汽车、拖拉机上的充电。一些汽车维修厂家也采用定压充电法对铅蓄电池进行补充充电，以缩短充电时间。定压充电法不能调整充电电流的大小，所以不能用于铅蓄电池的初充电，也不能用来消除硫化，并且要求所有充电的蓄电池电压必须相同才行。

采用定压充电法时，充电电压必须调整适当。充电电压过高，不但会使充电初期充电电流过大，而且会发生过充电现象；过低，则蓄电池充电不足。一般每个单格按 2.3～2.5V 来选取，即对 6V 铅蓄电池充电电压为 6.9～7.5V，对 12V 铅蓄电池则为 13.8～15V。

（3）脉冲快速充电法

脉冲快速充电法就是先用较大的电流（相当于 28.8～36A）进行定流充电，使铅蓄电池在较短的时间内充到额定容量的 50%～60%。当铅蓄电池单个电压升到 2.4V 开始冒气泡时，在控制电路的作用下开始进行脉冲充电，即先停止充电若干毫秒（一般为 25～40ms），再放电（反充电），使蓄电池反向通过一个较大的脉冲电流（脉冲深度为充电电流的 1.5～3 倍，脉冲宽度为 150～1000μs），接着停止放电（约 25ms），以后的充电过程一直按"正脉冲充电→停充→负脉冲瞬时放电→停放→再正脉冲充电"的循环过程进行。

脉冲快速充电法的优缺点如下。

① 充电时间大为缩短。

② 可以增加铅蓄电池的容量。

③ 去"硫化"效果显著。

④ 采用脉冲快速充电法时，蓄电池析出的气体总量虽有所减少，但出气率高，对活性物质的

冲刷力强，易使活性物质脱落。因此，对电池的寿命会有一定的影响。

8. 充电种类

（1）初充电

初充电是指对新启用的或极板换新检修后的蓄电池进行的第一次充电。初充电对蓄电池的性能和寿命影响很大，必须认真进行。初充电的特点是充电电流小，充电时间长，化学反应充分。其操作步骤如下。

① 灌注电解液。按制造厂规定，配置并加注一定密度的电解液，放置 4～6h，使极板充分浸透，将液面调整到规定高度。

② 接线。按定流充电法将被充蓄电池串联起来，然后将蓄电池的正极桩接充电机输出端正极，蓄电池的负极桩接充电机输出端负极。

③ 进行充电。充电过程通常分两个阶段进行。第一阶段先根据蓄电池型号中 20h 放电率额定容量值 C20（注：C20 表示为 20h 放电率额定容量，即 36A），用约 0.05 C20A（1.8A）的电流充电，待电解液中有气泡冒出，单个电池电压达到 2.4V 以上时，转入第二阶段，改用 0.03 C20A（1.08A）的电流充电，一直充至电解液中剧烈冒出气泡，密度和端电压达到最大值，且连续 2～3h 内稳定不变为止，整个充电时间为 60～70h。

④ 调整电解液相对密度和液面高度。在进行初充电时，水的电解使电解液的液面降低，相对密度也会发生变化，因此充好电的蓄电池必须按规定检查调整电解液的相对密度和液面高度。当密度高于规定值时，应适当吸出一部分电解液，加入适量的蒸馏水；反之，添加一部分相对密度为 1:4 的电解液（严禁将浓硫酸直接倒入蓄电池中）。调整电解液液面高度使其达到规定值，再充电 30min，使其混合均匀。如不符合要求，应反复调整几次，直到调好为止。

新蓄电池初充电后，达不到额定容量时，应进行充放电循环，即用 20h 放电率放至单个电池电压降到 1.75V 为止，然后用补充充电电流（即 I_c=0.1C20A）充足电，进行一次充放电循环，测定其容量。若容量仍低于额定容量的 90%，应再进行一次充放电循环。新蓄电池一般经过 3 次充放电循环后，其容量即可达到 100%。

（2）补充充电

补充充电是指对使用中的铅蓄电池在无故障的情况下，为保持和恢复其额定容量而进行的正常保养性充电。

由于铅蓄电池在汽车上使用时，常有充电不足的现象（特别是在市区从事短途运输的车辆）应根据需要进行定期补充充电。一般汽车用铅蓄电池应每 1～2 个月从车上拆下进行一次补充充电。使用过程中如发现下列现象之一时，必须随时进行补充充电。

① 电解液相对密度降到 $1.20g/cm^3$（20℃）以下。

② 冬季放电超过 25%，夏季放电超过 50%。

③ 单个电池电压低于 1.70～1.75V。

④ 灯光比平时暗淡，起动机无力（非起动机故障）。

此外，铅蓄电池放置时间超过 1 个月，应进行补充充电，以补偿自放电损失；当电解液消耗过多补充大量蒸馏水后，也应及时进行补充充电。

补充充电仍采用定流充电法，分两阶段进行。先以 I_c=0.1 C20A（3.6A）的电流充电，待单个电池电压达到 2.4V 以上，蓄电池中有气泡冒出时，改用 I_c=0.05 C20A（1.8A）的电流充电，直至充足为止。

补充充电的主要特点是充电电流较大，充电时间短。

（3）间歇过充电

间歇过充电是为避免使用中的铅蓄电池发生极板硫化的一种预防性充电，故又称为防硫化充电。汽车用铅蓄电池应每隔3个月进行一次间歇过充电。

间歇过充电的方法是：先按补充充电的方法和电流值将蓄电池充足电，停歇1h后，用1/2的补充充电电流值进行过充电直至"沸腾"，再停歇1h后，重新接入充电，如此反复几次，直到刚接入充电时，蓄电池立即"沸腾"为止。

（4）循环锻炼充电

循环锻炼充电是为了防止铅蓄电池极板钝化而进行的一项保养性充电。铅蓄电池在使用中常处于部分放电的状况，参与电化学反应的活性物质是有限的。为迫使使用中相当于额定容量的活性物质都能参加工作，以避免活性物质长期不工作而收缩，一般每隔3个月应进行一次循环锻炼充电。其方法是：先按补充充电或间歇过充电法将铅蓄电池充足电，再用 $I_f=0.05C20A$（1.8A）的放电电流（即 20h 放电率）连续放电至单个电池电压降为 1.75V 为止，其容量降低值不得大于10%C20，否则应进行全充、全放循环，直至容量达到90%C20以上时，方可使用。

（5）去硫化充电

去硫化充电是消除铅蓄电池极板轻度硫化的一种排故性充电，具体步骤如下。

① 将铅蓄电池按20h放电率放电到单个电池电压降到1.75V为止。

② 倒出电解液，用蒸馏水反复冲洗几次，然后加入蒸馏水至高出极板 10～15mm，用 $I_c=0.03C20A$ 的电流充电，并随时测量电解液的密度。当电解液密度增大到 1.15g/cm³ 时，将电解液倒出，加入蒸馏水，继续充电。如此反复多次，直到电解液密度不再继续上升为止。

③ 换用正常密度的电解液，按初充电方法将蓄电池充足电。

④ 用 20h 放电率放电，检查容量。若放电测得的容量达到额定容量的 80%以上，为硫化已基本消除，可装车使用；如容量达不到80%，说明极板硫化严重，应进行修理或报废。

9. 充电作业注意事项

① 严格遵守各种充电方法的操作规范。

② 充电过程中，要及时检查记录各单个电池电解液相对密度和端电压。如发现个别单个电池的端电压和电解液密度上升比其他单个电池缓慢，甚至变化不明显时，应停止充电，查明原因，消除故障。

③ 整个充电过程中必须随时测量各单电池的温度，以免温度过高影响蓄电池的性能。超过35℃时，应将充电电流减半；超过 40℃时，应立即停止充电，待温度降到35℃以下时再进行充电；再充电时若温度还继续上升到45℃，则应停止充电并采取人工冷却法降温。

④ 初充电工作应连续进行，不可长时间中断。

⑤ 配制和灌注电解液时，必须严格遵守安全操作规范和器皿使用规则。

⑥ 室内充电时，应下旋加液孔盖，使氢气和氧气能顺利逸出，以免发生事故。

⑦ 充电室要安装通风设备，在充电过程中，通风设备应不停地工作，以排出有害气体，防止爆炸危险及损害操作人员身体健康。

⑧ 充电室要严禁烟火。

⑨ 充电设备与被充电池不应放置在同一房间。充电时应按规定将被充蓄电池连接好，再闭合电源开关；停止充电时，则应先切断电源开关，再拆除充好的蓄电池。导线连接务必可靠，严防

产生电火花。

⑩ 充电间应经常备有自来水，10%的苏打水或10%的氨水溶液。

五、发电机

发电机是汽车的主要电源，其功能是在发动机正常运转时（怠速以上），向所有用电设备（起动机除外）供电，同时向蓄电池充电。

13 认识交流发电机

汽车用发电机可分为直流发电机和交流发电机。目前，由于交流发电机在许多方面优于直流发电机，直流发电机已被淘汰。交流发电机按照不同的分类方法分为以下几类。

（1）按总体结构分五类

① 普通交流发电机。又称为"硅整流发电机"（使用时需要配装电压调节器的发电机），如 JF132（EQ140 用）。

② 整体式交流发电机（发电机和调节器制成一个整体的发电机）。如别克轿车的发动机上装配的是 CS 型发电机（包括 CS-121、CS-130 和 CS-144 三种不同的型号）。

③ 带泵交流发电机。带泵交流发电机安的泵是真空泵，而不是真空助力泵，真空助力泵是汽车制动系统上的。

④ 无刷交流发电机（不需要电刷的发电机）。如 JFW1913。

⑤ 永磁交流发电机。磁极为永磁铁制成的发电机。

（2）按整流器结构分四类

① 6 管交流发电机。如 JF1522（东风汽车用）。

② 8 管交流发电机。如 JFZ1542（天津夏利汽车用）。

③ 9 管交流发电机。如（日本日立、三菱、马自达汽车用）。

④ 11 管交流发电机。如 JFZ1913Z（奥迪、桑塔纳汽车用）。

（3）按磁场绕组搭铁形式分两类

① 内搭铁型交流发电机。磁场绕组的一端（负极）直接搭铁（和壳体相联）。

② 外搭铁型交流发电机。磁场绕组的一端（负极）接入调节器，通过调节器后再搭铁。

（4）按励磁方式分两类

按励磁方式可分为有刷励磁发电机（见图 1-25）和无刷励磁发电机两类。

有刷励磁发电机的励磁方式为他励式，无刷励磁发电机的励磁方式为自励式。他励式式发电机的整流装置是在发电机定子上，而自励磁式发电机的整流装置是在发电机组的转子上。

图 1-25　发电机实物及解剖图

1. 硅整流发电机的构造

汽车用交流发电机由三相同步交流发电机与硅二极管整流器组成，因此也叫硅整流发电机。

目前国内外生产的汽车交流发电机的结构基本相同，多是由三相同步交流发电机和由 6 支硅二极管构成的三相桥式全波整流器所组成，如图 1-26 所示。

图 1-26　发电机结构图

（1）转子

转子的作用是产生相互交错的磁极。转子的结构如图 1-27 所示。励磁绕组的 2 根引出线分别焊在与轴绝缘的 2 个滑环上，滑环与装在后端盖上的 2 个电刷相接触。当两刷与直流电源相接时，励磁绕组中便有励磁电流通过，产生轴向磁通，使得一块爪极被磁化为 N 极，另一块爪极被磁化为 S 极，从而形成了 6 对相互交错的磁极。

图 1-27　转子实物及结构图

（2）定子

定子的作用是产生感应电动势，它由定子铁芯和三相定子绕组组成。定子铁芯一般由相互绝缘且内圆带嵌线槽的环状硅钢片叠成，三相定子绕组对称安放在定子铁芯槽内。三相绕组的连接方法有星形接法（简称 Y 形接法，见图 1-28（a））和三角形接法（简称 △ 形接法，见图 1-28（b））两种，其中汽车用交流发电机采用星形接法较多。

（3）整流器

整流器一般由 6 支硅二极管和二极管的散热板组成。图 1-29 所示的是散热板的外形图。交流发电机整流器的作用是将发电机定子绕组产生的三相交流电变换为直流电。

（a）Y形接法　　　（b）三角形接法

图 1-28　三相定子绕组的接法

图 1-29　散热板外形

硅二极管一般压装在散热板或发电机后端盖上。其中，压装在发电机后端盖上的 3 支硅二极管引线为负极，外壳为正极，俗称"负极管子"或"反烧管"，管壳底部用黑字标记；压装在散热板（元件板）上的 3 支硅二极管其引线为正极，外壳为负极，发电机后端盖和散热板便组成了发电机整流器总成。散热板通常由铝合金制成，以利散热，它与后端盖用尼龙或其他绝缘材料制成的垫片隔开，并用螺栓通至后端盖外部，作为发电机的输出接线柱，用"B"（"＋"、"A"或"电枢"）表示。

（4）端盖和电刷总成

交流发电机的前后端盖均由铝合金压铸或用砂模铸造而成，这是因为铝合金为非导磁性材料，可减少漏磁，并具有轻便、散热性能良好等优点。电刷总成由 2 个电刷、电刷弹簧和电刷架组成。2 个电刷装在电刷架孔内，借电刷弹簧的压力与滑环保持接触，向发电机转子磁场绕组提供磁场电流，如图 1-30 所示。目前，国产交流发电机的电刷架有两种结构，一种为外装式，即电刷架可以直接从发电机外部拆装；另一种为内装式，即电刷架不可以直接从发电机外部拆装。

2. 硅整流交流发电机的工作原理

交流发电机产生交流电的基本原理是电磁感应原理。三相交流发电机的工作原理如图 1-31 所示。交流发电机的转子为一旋转磁场。当转子由发动机带轮带动旋转时，由于定子绕组与磁感应线有相对的切割运动，在三相绕组中产生交流电动势。交流发电机定子绕组内的感应电动势的大小与每相绕组串联的匝数及转子的转速有关，匝数越多，转速越高，感应电动势越高。

（a）外装式　　　　（b）内装式

图 1-30　电刷与电刷架

图 1-31　三相交流发电机的工作原理

（1）交流发电机工作原理

如图 1-32 所示，点火开关闭合，蓄电池给电压调节器提供触发电压。当发动机未工作或转速低时，电压调节器使充电指示灯亮且磁场绕组有电流流过（建立磁场）。当发电电压超过13.8V时，灯灭；当发电电压超过14.2V时，磁场绕组的回路断开，磁场消失，发电电压下降；当低于13.8V时，磁场绕组又有电流流过，发电电压上升。这样使发电电压总维持在13.8～14.2V之间。

图1-32　交流发电机的工作原理图

（2）交流发电机的整流原理

在交流发电机中，6支二极管组成的全波整流电路、电压波形及输出电压波形如图1-33所示。其整流原理是：由于3个正极管子（V_1、V_3、V_5）的正极分别接在发电机三相绕组的首端（A、B、C），而它们的负极同接在元件板上，所以在某一瞬间，哪一相的电压最高，哪一相就获得正向电压而导通。由于3个负极管子（V_2、V_4、V_6）的负极也分别接在三相绕组的首端，它们的正极同时接在后端盖上，所以在某一瞬间，哪一相的电压最低，哪一相的负极管子就导通。

（a）整流电路　　　　　　　　　（c）整流器输出电压波形

图1-33　整流原理

（3）汽车用交流发电机的特点

目前，柴油汽车上普遍采用带泵硅整流发电机，而汽油车上普遍采用无刷交流发电机和永磁交流发电机。

① 带泵硅整流发电机。带泵硅整流发电机的发电机部分与普通硅整流发电机完全一样，只是转子轴较长并从后端盖中心伸出，利用伸出的发电机转子轴上的外花键与真空泵的转子内花键相连接，驱动真空泵与发电机转子同步旋转，为汽车制动系统的真空助力器或真空增压器提供真空源，主要用于没有真空源的柴油车。汽油机可直接从进气歧管处取得真空，制动时因节气门几乎全关而在进气歧管中形成高真空，而柴油机无节气门。

② 永磁式无刷硅整流发电机。这种发电机与普通发电机不同的是转子部分——以永久磁场作为转子磁极而产生旋转磁场。它不仅去掉了电刷和滑环，而且不需要磁场绕组和爪极。

汽车永磁发电机主要由风罩、整流稳压器、后端盖、定子铁芯、永磁转子、前端盖、轴承和皮带轮组成，如图 1-34 所示。

图 1-34　永久磁场转子的结构图

转子常用的永磁材料有铁氧体、铝镍钴和稀土永磁材料（稀土钴、钕铁硼）等。其中钕铁硼为第四代超强永磁材料，其剩磁和矫顽力都非常高，且退磁曲线为直线，回复线与退磁曲线基本重合，另外其原料丰富。当钕铁硼材料用于车用硅整流发电机时，转子磁极采用瓦片式结构，用环氧树脂胶粘在导磁轭上，磁极之间呈鸽尾形，用胶填充。

永磁式无刷硅整流发电机具有以下几方面的优点。

• 无蓄电池发电，因其转子是永久性的磁体无需励磁电流，只要其在发动机带动下转动即可发电，节约了能源。与相同体积的励磁式发电机相比，同等情况下可获得输出的功率高出一倍，并且当汽车在行进中蓄电池损坏时汽车的供电系统仍可正常工作，即使无蓄电池只要摇转发动机或溜车均可实现点火运行。

• 低速供电性能好，电压调整率小。低速供电时，在电磁参数相同的情况下，硅整流发电机"零电流"时永磁发电机可以对外输出 3～5A，节省下来的"励磁电流"大大改善了低速供电性能。

• 结构简单，性能更加稳定。永磁发电机在转子结构上只有轴、爪极、薄片式钕铁硼和磁钢，简化了加工工序。

• 环境适应性强。该发电机无电励磁绕组、无滑环结构，能在潮湿或灰尘多的恶劣条件下运行；永磁发电机无碳刷、滑环结构，消除了碳刷与滑环之间摩擦而产生的无线电干扰，消除了电火花，也能适合在爆炸性危险程度较高的环境中工作。

• 延长蓄电池使用寿命。首先，永磁发电机具有很好的低速充电性能，可使蓄电池经常处于充足电状态，能有效防止蓄电池的极板硫化。其次，稳压精度高，不欠充电，也不会过充电，在充电过程中始终保持微量出气状态，不会产生大量的气泡，这样既不损耗大量的电解液和污染蓄电池表面，同时也有效地避免了因剧烈出气而造成的活性物质脱落，从而提高了蓄电池寿命。

• 体积小、重量轻、比功率大、价格合理、用途广。采用高磁能积、高剩磁感应强度及矫顽力、去磁曲线为直线的钕铁硼稀土永磁材料的转子结构，使得发电机内部结构设计排列得很紧凑，体积小、重量轻。

● 采用可控硅整流稳压技术。整流和控制系统采用可控硅与脉冲式开关稳压器，可控硅整流稳压电路的耗电量要比整流桥电路的耗电量低，减少发热量，提高子输出功率，而且该电路集稳压、整流于一体，大大降低了成本。

● 提高发电效率，减少工作损耗。因其设计的改进，永磁发电机采用钕铁硼永磁体励磁，无电励磁绕组的电能消耗，仅此一项即可提高效率10%～15%。

交流发电机使用时应注意以下事项。

① 经常清洁发电机外表的积垢和尘土，保持清洁和通风良好。

② 经常检查与发电机相关的各紧固件的紧固情况，及时紧固各部螺钉。

③ 传动皮带的张力要合适。过松，易打滑而造成发电不足；过紧，易损坏皮带和发电机轴承。

④ 安装蓄电池时，千万不要装错，通常是先装正极线，不装搭铁线，否则极易烧坏二极管。

⑤ 采用集成电路调节器时，发动机不运转应立即关断点火开关。

⑥ 绝不允许用"刮火"方法试验是否发电。

⑦ 发电机有了故障不发电时，要及时排除，否则会造成更严重的故障。

六、调节器与电源系统电路

在汽车上，交流发电机是由发动机固定的传动臂驱动旋转的，其转速高低取决于发动机的转速。在汽车行驶过程中，由于发动机转速随时都在发生变化，发电机的转速也必然随着发生变化，因此发电机输出电压必然随转数的变化而变化。因此，在汽车上加装电压调节器，当发电机转数发生变化时，系统自动调节发电机输出电压并使电压保持恒定，防止输出电压过高而损坏用电设备和避免蓄电池过量充电。

1. 调节器

电压调节器有触点式和电子式两种。随着汽车产品的电子化不断增加，触点式调节器有被淘汰的趋势。汽车交流发电机有内搭铁与外搭铁之分，因此与其匹配使用的电子电压调节器也有内搭铁与外搭铁两种形式。

（1）汽车调节器的作用

交流发电机必须配有汽车调节器与其配合工作。这是因为交流发电机在结构一定及磁场强度不变的条件下，其输出电压大小与发电机的转速成正比，而发电机由发动机带动，其转速则是由发动机转速所决定。汽车正常行驶时，发动机转速变化范围很大，这势必对发电机输出电压的大小有很大影响，为使发电机电压在不同的转速下均能保持一定，且能随发电机转速的变化而自动调节，使电压值保持在某一特定范围，就必须装置汽车调节器。而它的正常工作，对保证整个汽车电气系统的正常工作和对延长汽车电气设备的使用寿命关系极大，其输出电压（或充电电压）对蓄电池的使用寿命也影响很大。

（2）汽车调节器的工作原理

外搭铁型电子调节器的基本电路如图1-35所示。其工作原理如下。

① 点火开关SW刚接通时，发动机不转，发电机不发电，蓄电池电压加在分压器R_1、R_2上，此时因U_{R1}较低不能使稳压管VS的反向击穿，VT_1截止；VT_1截止使得VT_2导通，发电机磁场电路接通，此时由蓄电池供给磁场电流。随着发动机的起动，发电机转速升高，发电机他励发电，

电压上升。磁场绕组电路为：蓄电池正极→磁场绕组→调节器 F 接柱→三极管 VT_2→调节器 E 接柱→搭铁→蓄电池负极。

② 当发电机电压升高到大于蓄电池电压时，发电机自励发电并开始对外蓄电池充电，如果此时发电机输出电压 U_B<调节器调节上限 U_{B2}，VT_1 继续截止。VT_2 继续导通，但此时的磁场电流由发电机供给，发电机电压随转速升高而迅速升高。磁场绕组电路为：发电机正极→磁场绕组→调节器 F 接柱→三极管 VT_2→调节器 E→搭铁→发电机负极。

③ 当发电机电压升高到等于调节上限 U_{B2} 时，调节器对电压的调节开始。此时 VS 导通，VT_1 导通，VT_2 截止，发电机磁场电路被切断，由于磁场被断路，磁通下降，发电机输出电压下降。

④ 当发电机电压下降到等于调节下限 U_{B1} 时，VS 截止，VT_1 截止，VT_2 重新导通，磁场电路重新被接通，发电机电压上升。周而复始，发电机输出电压 U_B 被控制在一定范围内，这就是外搭铁型电子调节器的工作原理。

14 电压调节器工作原理

图 1-35　外搭铁型电子调节器的基本电路

内搭铁型电子调节器基本电路（见图 1-36）的特点是晶体管 VT_1、VT_2 采用 PNP 型，发电机的励磁绕组连接在 VT_2 的集电极和搭铁端之间，与外搭铁型电路显著不同，电路工作原理和结构与外搭铁型电子调节器类似。

图 1-36　内搭铁型电子调节器的基本电路

（3）汽车调节器的工作特性

调节器通过三极管 VT_2 的通断控制磁场电流，随着转速的提高，大功率三极管 VT_2 的导通时间减小，截止时间增加，这样可使得磁场电流平均值减小，磁通减小，保持输出电压 U_B 不变。发电机的输出电压 U_B、磁场电流 I_f（平均值）随转速 n 的变化关系称为电子调节器的工作特性。

从调节器的工作特性曲线（见图1-37）可以看出，$n1$ 为调节器开始工作转速，称为工作下限，随着发电机转速的升高，磁场电流减小。当发电机转速很高时，由于大功率三极管可不导通，磁场电流被切断，发电机仅靠剩磁发电，所以电子调节器的工作转速上限很高，调节范围很大。

2. 电源系统电路

（1）点火开关

点火开关的挡位一般是 LOCK、ACC、ON、START（高档车略有不同）如图1-38所示。各个挡位的功能如下。

图1-37 调节器的工作特性曲线图

图1-38 点火开关位置图

● LOCK：发动机停止并且方向盘被锁定，只有该位置才能取下钥匙。

● ACC：通过点火开关控制，点火钥匙旋到该挡时受该挡控制的用电设备均能操作，此挡位一般实现的用电器功能有电调座椅、音响系统、雨刮喷水系统、点烟器、座椅加热、电动天窗等。

● ON：内部分为 IG1 和 IG2 两个挡位，除去起动机外，其他受点火开关控制的设备均处于工作状态。其中 IG1 挡位的用电器功能有后视镜调节、组合仪表、安全气囊、定速巡航系统、倒车成像、大灯及各控制系统（ECU、ABS、TCS、BCM、轮胎压力、电动转向等）的控制电源；IG2 挡位的用电器功能有电加热除霜、空调鼓风机等。

● STRAT：启动发动机，释放后钥匙将回到 ON 挡，在此位置时 ACC 挡和 IG2 挡的负载断电，以保证有足够的电量用以起动。

点火开关正确使用方法：钥匙插进点火开关后，在每个挡位做瞬间停留大约一两秒钟，这时能听见电器设备通电的声音，然后进入下一个挡位就可以了。有的车可以直接进入"NO"位置，等待电器各方面全面启动后，6～7s 的时间，再扭转钥匙到"START"状态直接打火。

点火开关电路图，如图1-39所示。

点火开关的工作过程如下。

① 当点火开关处于"LOCK"位置时，1 至 5 号导线互不相通。

② 点火开关打到"ACC"挡时，1 号电源线与 2 号线相通，此时电源通过"ACC"触点向辅助电器供电，3、4、5 号导线不通电。

	B+	ACC	IG1	IG2	ST
LOCK					
ACC	○—————○				
ON	○—————○——————○				
ST	○		○——————○——————○		
	1	2	3	4	5

图 1-39　点火开关电路图

③ 点火开关打到"ON"挡时，1、2、3、4 号导向相连通，电源通过"ON"触点向全车电器供电（不包括起动电路）。

④ 点火开关打到"ST"挡时，1、3、4、5 号导向相连通，辅助电器停止供电，电源通过"ST"触点向全车电器供电，同时提供起动信号。

（2）电源电路

电源电路图如图 1-40 所示（以雪佛兰科鲁兹车型为例）。

图 1-40　电源电路图

电源电路工作过程如下。

蓄电池通过保险丝给车身控制模块、发动机控制模块、组合仪表常用电源供电。打开点火开关"ON"挡，蓄电池电流经"10A"保险丝"X1"接头"40"号针脚和蓄电池传感器"2"号针脚进入蓄电池传感器；通过蓄电池电流传感器检测蓄电池电流，当蓄电池有电流形成回路时，蓄电池电流传感器"1"号针脚给车身控制模块一个使用蓄电池供电信号，车身控制模块与组合仪表通过中央数据线信息共享，组合仪表将仪表内的蓄电池仪表灯点亮。

车身控制模块与发动机控制模块通过中央数据线信息共享点火开关"ON"挡电压信号，发动机控制模块通过"15"号针脚给发电机"X1"接头"A"号针脚提供一个电压，进入发动机电子调节器，电子调节器给转子线圈通电经过搭铁，电流形成回路，转子线圈产生磁场。

发动机工作时，通过皮带带动发电机转子，产生相对交错变化的磁场，定子线圈由于磁场变化产生交流电，定子产生出来的交流电通过整流器转变为直流电。发动机发出的电源可供电子调节器供电，电子调节器检测发电机电压，通过调整转子线圈电流，保证发动机发出的电压在 13.8～14.4V 之间。通过发动机"X2"接头"A"号针脚经"250A"保险丝给车上用电设备提供电源，多余的给蓄电池充电。发电机发出的电压经发电机"X1"接头"B"号针脚给发动机控制模块"50"号针脚一个发电信号。发动机控制模块与组合仪表通过中央数据线信息共享，组合仪表将仪表内的蓄电池仪表灯熄灭，表示发电机已工作发电。

任务实施

一、蓄电池拆装

1. 蓄电池的拆卸

① 将点火开关置于"断开（OFF）"。
② 拆下蓄电池固定夹板的固定螺栓，取下固定夹板。
③ 拧松蓄电池正、负极柱上的电缆接头固紧螺栓，先取下负极电缆，然后取下正极电缆。
④ 从汽车上取下蓄电池。取下蓄电池时应小心轻放，尽量用蓄电池提把提取。
⑤ 检查蓄电池壳体上有无裂纹和电解液渗漏痕迹，发现裂纹和渗漏应更换蓄电池。

2. 蓄电池的安装

① 检查蓄电池型号、规格是否适合该型汽车使用。
② 检查电解液的相对密度和液面高度是否符合技术要求，否则应予调整。
③ 按照蓄电池正、负极柱和正、负电缆端子的相对位置，将蓄电池安放到固定架上。
④ 用细砂纸或专用清洁器清洁蓄电池的接线柱及连接接线柱夹头；在螺栓、螺母的螺纹上涂凡士林或润滑脂，以防氧化生锈。
⑤ 在正、负极接线柱及其电缆端子上涂抹一层润滑脂，以防极柱和端子氧化腐蚀。
⑥ 安装固定夹板，拧紧夹板固定螺栓。

3. 注意事项

① 在发动机运转情况下，严禁拆卸蓄电池。
② 拆卸蓄电池时应使用专用的工具，尽量不要用手直接触摸有酸液的部位。
③ 拆接线柱时，先拆负极后拆正极；在接线时，先接正极后接负极。

二、蓄电池充电

按照图 1-41 所示的方法为蓄电池充电。

充电注意事项如下。

① 连接蓄电池电缆时要注意极性，正负极不能接反。
② 拆蓄电池电缆时要先拆负极（搭铁）电缆。
③ 接蓄电池电缆时要后接负极电缆。
④ 严禁在蓄电池附近进行电焊或气焊作业（蓄电池充、放电过程中，会放出易燃易爆的氢气）。

⑤ 严禁在蓄电池附近吸烟。

⑥ 蓄电池充电场所要有良好的通风，充电器接通后就不要再拆、接充电器的连接导线。

⑦ 维护蓄电池时，不要戴首饰或手表，这些东西都是良导电体，若不小心将蓄电池正极桩与搭铁连上，电流流过它们，会造成严重灼伤。

⑧ 千万不可在蓄电池上方传递工具，如碰巧跌落在两极桩上，将造成蓄电池短路，从而引起爆炸。

（a）单个充电　　　　　（b）定流充电法　　　　　（c）定压充电法

图 1-41　为蓄电池充电

三、发电机拆装与检测

1. 交流发电机的拆卸

① 对发电机外部进行清洁，并在前后端盖上做好装配记号。

② 拧下转子轴前端的固定螺母，拆下皮带轮和风扇，如图 1-42 所示。

15 发电机零件的拆分

图 1-42　拧下转子轴前端的固定螺母

③ 拧下前端盖的固定螺母的 3 个固定螺栓，如图 1-43 所示；拆下前端盖（使用拉马拉出），如图 1-44 所示。

④ 将转子总成取出（小心不能强行拉出，以免损坏电刷），如图 1-45 所示。

图 1-43　拧下前端盖的固定螺母　　　图 1-44　使用拉马拉前端盖　　　图 1-45　取出转子总成

⑤ 拧下端盖散热板的固定螺栓，将散热板拆下，如图1-46所示。

⑥ 将定子总成与整流器、电刷架总成一起取出，如图1-47所示。

图1-46　拧下端盖散热板的固定螺栓

图1-47　取出定子总成、整流器和电刷架总成

⑦ 拆下整流器与定子线圈的连接线，如图1-48所示。

⑧ 将拆下的零部件按序摆放好，如图1-49所示。

图1-48　拆整流器及连接线

图1-49　零件放置图

2. 发电机的检查

（1）硅整流器的检查

① 用数字万用表的二极管挡测量硅整流器的二极管通断情况，如图1-50所示。

② 用万用表二极管挡位测量整流板上面的正二极管：红表笔接触二极管接线柱，黑表笔接触整流板，正向导通，反向不通，如图1-51所示。

16 发电机零件的检修

图1-50　测量二极管通断情况

图1-51　测量二极管导通情况

17 整流器的检测

③ 用万用表二极管挡位测量整流板内的负二极管：红表笔接触整流板，黑表笔接触二极管接线柱，正向导通，反向不通。

（2）转子总成的检查

用万用表最小电阻挡检查转子线圈的步骤如下。

① 把两个表笔接触两个滑环上，如图1-52所示，测量电阻值为3～5Ω，说明转子线圈是正

常的；如显示"1"则表示转子线圈有断路现象。如数值小于规定值表示转子线圈有短路现象。

② 使用二极管挡位测量转子线圈是否搭铁。把一表笔接触滑环上，另一表笔接触搭铁（见图1-53）。如导通，则表示转子线圈有搭铁现象；如不导通（万用表数字显示"1"），表示转子线圈正常。

18 转子的检测

图1-52 测量电阻

图1-53 测量搭铁

转子轴、滑环和轴承的检修步骤如下。

① 转子轴的弯曲会造成转子与定子之间间隙过小而摩擦或碰撞（脱底现象）。如发现发电机运转时阻力过大或有异响，应检查转子轴是否有弯曲。检查方法：目测是否有刮痕（如图1-54所示），装好后转动转子轴。

② 目测检查滑环应表面光滑，无烧蚀（如有应打磨干净，见图1-55），滑环厚度应大于1.5mm。

图1-54 目测检查

图1-55 打磨表面

③ 检查轴承转动灵活，无卡滞现象，如图1-56所示。

（3）定子线圈的检查

用万用表最小电阻挡检查定子线圈电阻，如图1-57所示。

图1-56 转动轴承

图1-57 测量电阻

① 测量三相绕组的阻值是否相等：相等且为0.5Ω左右说明定子线圈是正常的；所测电阻值小于规定值，则说明定子绕组有短路；如果电阻值为"1"，则为断路。

② 使用二极管挡位测量定子线圈是否搭铁。把一表笔接触定子线圈的一线头上，另一表笔接触搭铁：如导通，则表示定子线圈有搭铁现象；如不导通，表示定子线圈正常。

检查定子总成内圈有无脱底现象，如图1-58所示。

（4）检查碳刷

碳刷磨损不要超限、弹簧弹力足够（在弹簧作用下能压紧在滑环上即可）。它和滑环接触面积不能小于电刷端面积的75%，如图1-59所示。

图1-58　检查定子总成

图1-59　检查碳刷

（5）目测检查壳体

壳体应无裂纹、无损坏，如图1-60所示。

3. 发电机的安装

按照与拆卸相反的步骤安装发动机。在安装的过程中应注意以下事项。

① 缘垫的安装和定子引线的绝缘。

② 轴承内应加入干净润滑脂。

③ 安装前端盖和后端盖合体前，应用直径为1mm的钢丝从后端盖的通孔插入，使电刷缩入电刷架内，以免损坏电刷，装好后再将钢丝拔出，如图1-61所示。

19发电机零件的复装

图1-60　检查壳体

图1-61　拔出钢丝

④ 安装好发电机后，转子转动平稳灵活，无明显的前后窜动，无异响。

拓展训练

一、汽车电源系统常见故障及检测方法

打开点火开关至ON挡，充电指示灯应亮；起动发动机，发动机处于怠速转速状态时，灯应灭，否则说明充电系统有问题，应及时检修。当发现充电电压太高（伴有刺鼻味道）或太低（蓄电池存电量少）也说明充电系统有问题，应及时检修。

（1）充电电流太高或太低

故障原因：

① 充电电流太高。是发电机与调节器的问题。

② 充电电流太低。可能是线路问题，也可能是发电机的问题。

检测方法：

① 查发电机的风扇皮带松紧度是否合适。

② 发电机的插座，打开点火开关，分别测量蓝红线和黄白色线应有电到；均有电到，否则说明交流发电机损坏或线头接触不良。

③ 发电机故障。

④ 调节器故障。

（2）不充电（电瓶指示灯亮）

故障原因：

① 蓄电池和发电机的连接导线断开或脱落。

② 发电机故障。

③ 调节器故障。

二、奥迪 A6 轿车电源系统故障及排除

奥迪 A6 轿车，行驶近 20 000km，一次夜间开前照灯行驶，充电指示灯时亮时灭，发动机转速低时，按下喇叭，响声比较正常；发动机转速高时，按下喇叭，基本不响。

根据充电系统的原理和维修经验，分析该故障主要原因如下。

① 发电机转子集电环与电刷严重接触不良，励磁电流时断时续。

② 发电机转速高时，电刷在集电环上颤动加剧，使发电机输出电压下降。

排除方法如下。

① 检查充电系统和灯光系统各连接导线的连接情况，对连接不好处重新处理。

② 将电刷拆卸下来，发现有一个电刷由于太短，弹簧的弹力不足，使电刷和转子集电环烧蚀成麻面，进而接触不良。于是，更换了发电机电刷和电刷弹簧。经试验，故障依旧。

③ 在发电机运转状态下，用万用表直流电压挡检查发电机输出电压，发电机转速低时，输出电压在 14V 左右；发动机转速高时，输出电压反而低于 10V。拆下蓄电池负极搭铁线检查，输出电压为 16V 左右，但一按喇叭，输出电压急剧下降，说明在空载时还没有什么反应，在重载下却露出原形（故障现象出现）。

④ 将发电机集电环用 0 号砂纸进行抛光，使电刷与集电环接触良好，然后组装到轿车上进行试验，一切正常，故障排除。

> **技能训练**

1. 按要求拆装发电机。
2. 按要求对蓄电池充电。

综合训练

　　春节期间张先生开着自己的爱车（2016 款马自达轿车）回老家去喝喜酒，在家停了三天，第四天开车时发现车辆无法起动，请根据所学知识分析其故障发生的原因并制定解决方案，根据方案排除故障。（限电源系统）

 提示

　　请按照手册上的流程将故障排除。

项目 2 汽车起动系统

知识目标

1. 了解起动机的结构及工作原理。
2. 掌握起动机的检修方法。

能力目标

1. 能正确地拆装起动机。
2. 能正确检查起动机的零部件。

任务描述

发动机在以自身动力运转之前，必须借助外力旋转。发动机借助外力由静止状态过渡到能自行运转的过程，称为发动机的起动。发动机常用的起动方式有人力起动、辅助汽油机起动和电力起动 3 种形式。电力起动方式操作简便，起动迅速，具有重复起动能力，并且可以远距离控制，因此被现代汽车广泛采用。本项目主要介绍起动机的结构、工作原理及拆装检修、气动系统的故障排除等知识。

知识准备

一、起动机的作用及类型

发动机的起动需要外力的支持，汽车起动机就是在扮演这个角色。总体来说，起动机用 3 个部件来实现整个起动过程。直流电动机引入来自蓄电池的电流并且使起动机的驱动齿轮产生机械运动；传动机构将驱动齿轮啮合入飞轮齿圈，同时能够在发动机起动后自动脱开；起动机电路的通断则由一个电磁开关来控制。

起动系统主要包括蓄电池、点火开关（起动开关）、起动机总成和起动继电器等部件。

1. 起动机的作用

由直流电动机产生动力，经传动机构带动发动机曲轴转动，从而实现发动机的起动。

2. 起动机的类型

（1）起动机的一般分类

在目前的市场上，起动机大致分为 3 类：普通型起动机、永磁起动机和减速起动机。

① 普通型起动机。所谓普通，也就是没有特殊结构和装置，如红塔 CA1020 车型和五菱小旋风车型上使用的均是普通型起动机。

20汽车起动系统介绍

② 永磁起动机。取消了励磁绕组，电动机磁极用永磁材料制成。永磁起动机结构简单、体积小、质量轻，如奥迪 100 车型应用的即是该种起动机。

③ 减速起动机。在电动机内部设有减速装置的起动机称为减速起动机，减速起动机的最大优点是可以大大提高电动机的输出转矩，同时传动机构的质量和体积可减小 30%～35%；缺点是结构和工艺比普通起动机复杂。如今大多数中高档汽车都采用永磁式减速起动机。

（2）按控制装置分类

① 直接操纵式起动机。它是由脚踏或手拉杠杆联动机构直接控制起动机的主电路开关来接通或切断主电路，也称机械式起动机。这种方式虽然结构简单、工作可靠，但由于要求起动机、蓄电池靠近驾驶室，因而受安装布局的限制，而且操作不便，已很少采用。

② 电磁操纵式起动机。它是由按钮或点火开关控制继电器，再由继电器控制起动机的主开关来接通或切断主电路，也称电磁控制式起动机。这种方式可实现远距离控制，工作方便，在现代汽车上被广泛采用。

（3）按传动机构的啮合方式分类

① 惯性啮合式。已淘汰。

② 强制啮合式。工作可靠、操纵方便、应用广泛。起动机不工作时，起动机的电枢与磁极错开。接通起动开关起动发动机时，在磁极磁力的作用下，整个电枢连同驱动齿轮移动与磁极对齐的同时，驱动齿轮与飞轮环齿啮合。发动机起动后，切断起动开关，磁极退磁，电枢轴连同驱动轮退回，脱离与飞轮的啮合。

③ 电枢移动式。结构较复杂，多用在大功率柴油车上。接通点火开关起动发动机时，驱动齿轮靠杠杆机构的作用沿电枢轴移出与飞轮环齿啮合，使发动机起动；发动机起动后，切断起动开关，外力的作用消除后，驱动齿轮在复位弹簧的作用下退回，脱离与飞轮环齿的啮合。

④ 齿轮移动式。电磁开关推动啮合杆。

⑤ 减速式。质量体积小，结构工艺复杂。

二、起动机的构造

起动机主要包括 3 个组成部分，其结构如图 2-1 所示。

① 直流电动机（包括机壳、磁极（定子）、电枢（转子）、换向器和电刷等）。其作用是产生转矩。

② 传动机构（包括单向离合器和驱动齿轮等）。其作用是在发动机起动时，使起动机驱动齿轮啮入飞轮齿环，将起动机转矩传给发动机曲轴；而在发动机起动后，使驱动齿轮打滑与飞轮齿环自动脱开。

21 起动机构造

③ 控制机构（包括保持线圈、吸引线圈、触点、接线柱和接触盘等）。其作用是接通和切断起动机与蓄电池之间的电路。在有些汽车上，还具有接入和隔除点火线圈附加电阻的作用。

1. 直流电动机

（1）直流电动机的结构

① 端盖及壳体。如图 2-2 所示的是直流电动机的端盖及壳体。端盖分为前、后两个，后端盖一般用铝合金或钢板压制而成，其上装有 4 个电刷架；壳体由钢管制成，其功能是安装磁极和固定机件，磁极固定在壳体内壁上，壳体上有 1 个接线端子或 1 根电缆引线，对于电磁式电动机，该端子或引线与励磁绕组的一端相连。

控制机构
直流电动机
传动机构
起动机实物图

1—后端盖；2—拨叉；3—保持线圈；4—吸引线圈；5—电磁开关；6—触点；
7—接线柱；8—接触盘；9—前端盖；10—电刷弹簧；11—换向器；12—电刷；
13—机壳；14—磁极；15—电枢；16—励磁绕组；17—移动齿轮；
18—单向离合器；19—电枢轴；20—驱动齿轮

图 2-1　起动机结构图

图 2-2　端盖及壳体

② 磁极。磁极也叫定子，其作用是产生磁场。电磁式电动机的磁极由铁芯和励磁绕组组成，铁芯用低碳钢制成马蹄形，并用螺钉固定在电动机壳体的内壁上，励磁绕组套装在铁芯上。起动机有 4 个磁极。励磁绕组用矩形裸铜线绕制，并与电枢绕组串联。4 个励磁绕组的连接方式有两种：一种是 4 个绕组串联后再与电枢绕组串联，如图 2-3（a）所示；另一种是两个绕组先串联后并联，然后再与电枢绕组串联，如图 2-3（b）所示。目前采用后一种连接方式的比较多。无论采用哪一种连接方式，其励磁绕组通电产生的磁极必须 N、S 极相间排列。

22 磁极

（a）第一种连接方式　　（b）第二种连接方式

图 2-3　电枢绕组

③ 电枢。电枢总成如图2-4所示，主要由电枢轴、电枢绕组、铁芯和换向器（如图2-5所示）组成，电枢的主要功能是产生电磁转矩。电枢铁芯由相互绝缘的硅钢片叠装而成，其圆周上制有安放电枢绕组的槽，以花键固装在电枢轴上。为了获得较大的电磁转矩，流经电枢绕组的电流很大，一般为400A，因此，电枢绕组采用横截面积较大的矩形或圆形裸铜线绕制。

1—换向器；2—铁芯；3—电枢绕组；4—电枢轴

图2-4　电枢总成

1—铜片；2—轴套；3—压环；4—云母

图2-5　换向器

④ 换向器。换向器的功能是将通入电刷的直流电流转换为电枢绕组中导体所需的电流，以使不同磁极下导体中的电流方向保持不变。换向器由截面呈燕尾形的铜片叠合而成。燕尾形铜片称为换向片，换向片与换向片之间及换向片与轴套、压环之间均用云母绝缘。

⑤ 电刷组件。电刷组件的功用是将电流引入电动机，主要由电刷、电刷架和电刷弹簧组成（如图2-6所示）。电刷由铜粉与石墨粉压制而成，它们的质量之比为4:1，加入较多铜粉的目的是减小电阻，提高导电性能和耐磨性能。电刷安装在电刷架内，借弹簧压力将其紧压在换向器上，电刷弹簧的压力一般为12～15N。电刷架有4个，固定在支架或端盖上，直接固定在支架或端盖上的电刷架称为搭铁电刷架或负电刷架，安装在两个负电刷架中的电刷称为负电刷；用绝缘垫片将电刷架绝缘固定在电刷支架或端盖上的电刷架称为正电刷架，安装在两个正电刷架内的电刷称为正电刷。

负电刷

正电刷

图2-6　电刷组件

23 电刷装置

（2）直流电动机的工作原理

直流电动机是将电能转变为机械能的设备，它是根据带电导体在磁场中要受到电磁力作用而运动的原理制成的。其工作原理如图2-7所示。

直流电动机的电刷与直流电源相接，电流由正电刷和换向片A流入，从换向片B和负电刷流出（见图2-7（a））。此时绕组中的电流方向为$a \rightarrow d$，按左手定则可确定导线ab受到向左的电磁

力 F，导线 cd 受到向右的电磁力 F，于是整个线圈受到逆时针方向的转矩而转动。当电枢转过半周时（见图 2-7（b）），换向片 B 与正电刷相接触，换向片 A 与负电刷相接触，线圈中电流的方向改变为由 $d{\rightarrow}a$，因而在 N 极和 S 极下面导体中的电流方向保持不变，电磁转矩的方向也就不变，使电枢仍按原来的逆时针方向继续转动。

由于一个线圈所产生的转矩太小，且转速不稳定，因此，电动机的电枢上绕有很多线圈，换向片数也随线圈的增多而相应增加。

2. 起动机的控制机构

下面主要介绍起动机控制机构中的电磁开关。

（1）电磁开关的结构

电磁开关用于控制起动机工作，在起动时，它使起动机驱动齿轮与发动机飞轮啮合，同时接通电动机电路，使得电动机产生电磁转矩，并通过传动机构带动发动机转动。起动机电磁开关主要由电磁线圈（吸引线圈、保持线圈）、活动铁芯、接触盘及触点等组成，实物如图 2-8 所示。

（a）　　　　　　　　　（b）

图 2-7　直流电动机的工作原理

图 2-8　电磁开关实物图

（2）电磁开关的工作原理

当吸引线圈和保持线圈通电产生的磁通方向相同时，其电磁力便吸引活动铁芯向前移动，直到推杆上的接触盘将电动机开关的两个触点接通而使电动机电路接通为止。

当吸引线圈和保持线圈通电产生的磁通方向相反时，其电磁吸力相互抵消，在复位弹簧的张力作用下，活动铁芯等可移动部件自动复位，接触盘与触点断开，电动机电路即被切断。

24 电磁开关工作原理

3. 起动机的传动机构

（1）单向离合器的结构

起动机的传动机构实际上是一个单向离合器。单向离合器的作用是单方向传递转矩，即起动发动机时将起动机的转矩传给发动机曲轴，而当发动机起动后，它又能自动打滑，不使飞轮齿环带动起动机电枢旋转，以免损坏起动机。因为飞轮与起动小齿轮的传动比为 1:10～1:15，发动机起动后，如果不及时将起动机与发动机分离，则起动机的电枢就会被发动机曲轴带动，以 1 000～1 500r/min 的速度高速旋转，导致电枢线圈从电枢槽中甩出，造成"飞车"事故，而使电枢损坏。

单向离合器有滚柱式、弹簧式和摩擦片式 3 种。摩擦片式单向离合器可以传递较大转矩，一般应用于柴油机汽车。滚柱式和弹簧式单向离合器一般应用于汽油机汽车。目前国内外汽车起动机使用最多的是滚柱式单向离合器，其结构如图 2-9 所示。

1—驱动齿轮；2—外壳；3—十字块；4—滚柱；5—压帽与弹簧；6—垫圈；7—护盖；

8—花键套筒；9—弹簧座；10—缓冲弹簧；11—移动衬套；12—卡环

图 2-9　滚柱式单向离合器结构图

25 认识起动机中的
单向离合器

起动机驱动小齿轮与外壳连成一体，外壳内装有十字块及 4 套滚柱、压帽和弹簧，十字块与花键套筒一体，护盖与外壳相互扣合密封。传动套筒的外面套有缓冲弹簧与移动衬套，并由卡环锁住。整个离合器总成利用花键套筒装在起动机的花键部位，能够轴向移动，也可以随轴转动。

（2）滚柱式单向离合器的工作原理

滚柱式单向离合器的外壳与十字块之间的间隙是宽窄不等的（呈楔形槽）。发动机起动时，由拨叉拨动传动套筒，将单向离合器沿花键推出，使驱动齿轮啮入飞轮齿环。当起动机电枢旋转时，转矩由传动套筒传到十字块，十字块则随电枢一同旋转，这时滚柱便滚入楔形槽的窄处被卡死，于是转矩传给驱动齿轮，带动飞轮使发动机起动（见图 2-10（a））。当发动机起动后，飞轮齿环带动驱动齿轮旋转，速度大于十字块时，滚柱滚入楔形槽的宽处而打滑（见图 2-10（b）），这样转矩就不能从驱动齿轮传给起动机电枢，从而防止了电枢超速"飞车"的危险。

26 单向离合器

（a）起动时传递电磁转矩　　　（b）起动后打滑

1—十字块；2—弹簧及滚柱；3—楔形槽；4—单向离合器外壳；

5—驱动齿轮；6—飞轮；7、8—滚柱

图 2-10　滚柱式单向离合器的工作原理

滚柱式单向离合器结构简单紧凑，因而在中、小功率的起动机中得到了广泛采用。但在传递较大转矩时，滚柱式单向离合器容易卡住，因此，较大功率的起动机一般采出弹簧式和摩擦片式单向离合器。

三、起动机的工作原理

各型汽车起动系统的工作原理有所不同，但差别不大。下面以五菱小旋风型汽车起动系统电路为例进行讲解说明。

工作原理如图 2-11 所示。当合上起动总开关 9，按下起动按钮 8 时，吸引线圈 6、保持线圈 5 的电路接通，其电流回路为：

蓄电池正极→接线柱 14→电流表 16→熔丝 10
→起动总开关 9→起动按钮 8→接线柱 7→
{
保持线圈 5→搭铁→蓄电池负极
吸引线圈 6→接线柱 15→起动机励磁绕组→
电枢绕组→搭铁→蓄电池负极
}

1—驱动齿轮；2—复位弹簧；3—拨叉；4—活动铁芯；5—保持线圈；6—吸引线圈；

7—接线柱；8—起动按钮；9—起动总开关；10—熔丝；11—黄铜套；12—搭铁；

13—接触盘；14、15—接线柱；16—电流表；17—蓄电池；18—起动机

图 2-11　起动机电磁开关的结构原理图

此时活动铁芯 4 在两个线圈电磁吸力的共同作用下，克服复位弹簧 2 的弹力而向右移动，带动拨叉 3 将小齿轮 1 推出与飞轮齿环逐渐啮合。这时由于吸引线圈的电流流经励磁绕组和电枢绕组，产生一定的电磁转矩，所以小齿轮是在缓慢旋转的过程中啮合的。当齿轮啮合好后，接触盘 13 将接线柱 14、15 刚好接通，于是蓄电池的大电流流经起动机的电枢和励磁绕组，产生正常的转矩，带动发动机旋转，起动发动机。与此同时，吸引线圈被短路，齿轮的啮合位置由保持线圈 5 的吸力来保持。

当发动机起动后，松开起动按钮瞬间，保持线圈中的电流只能经吸引线圈构成回路，由于此时两线圈所产生的磁通方向相反，磁力相互抵消，于是活动铁芯在复位弹簧的作用下回至原位，小齿轮退出啮合，接触盘 13 脱离接触，切断起动电路，起动机停止运转。

四、减速式起动机

减速式起动机与普通带电磁开关的强制啮合式起动机没有本质的区别，只是在起动机电枢和驱动齿轮之间增加了一对减速齿轮，因此可将起动机电枢的工作转速设计得较高，然后通过减速机构使驱动齿轮的转速降低并使转矩增加。图 2-12 所示为减速式起动机的结构，其特点是电动机为小型、高速串励式直流电动机。

① 动力输出部分由电枢轴和传动轴两部分组成。电枢轴和传动轴两端用滚珠轴承支撑使负荷分布均匀，不易出现电枢轴弯曲现象。

1—传动壳；2—离合器、惰性及驱动小齿轮；3—钢球；4—回位弹簧；5—电磁开关；

6—螺栓；7—励磁绕组；8—电枢；9—电刷架；10—橡胶圈；11—垫圈；

12—本体；13—拉紧螺栓

图2-12　减速式起动机的结构

② 采用了减速装置，转子与起动齿轮之间安装有减速齿轮，起动电动机传递给起动齿轮的转矩增大。利用电磁开关接通的同时，压缩回位弹簧而将起动齿轮伸出与飞轮啮合。

③ 减速起动机的体积和质量大约是传统起动机的一半，节省原材料，同时拆装修理方便。

④ 减速起动机的磁极对数与传统的起动机一样，但励磁绕组常采用小导线多根并联方法。电枢绕组的绕法虽与传统起动机的原理相同，但制造工艺简单。

五、永磁减速式起动机

永磁减速式起动机的磁极由铁氧体或钕铁硼永磁材料制成，由于取消了励磁绕组，使得起动机的结构更加简化，体积、质量也相应减小。

北京切诺基吉普车上装用的12VDW1.4型起动机即是永磁减速式起动机，其原理简图如图2-13所示。减速装置为行星齿轮减速装置，它以电枢轴齿轮为太阳轮，另有3个行星齿轮及1个固定内齿圈，其啮合关系如图2-14所示。太阳轮压装在电枢轴上与3个行星齿轮同时啮合。3个行星齿轮的轴压装在1个圆盘上，行星齿轮在轴上可以自由转动。该圆盘与驱动齿轮轴制成一体，驱动齿轮轴一端设有螺旋花键，与单向离合器的传动套筒内的螺旋花键配合。内齿圈由塑料铸塑而成，3个行星齿轮在其上滚动，内齿圈的外缘设有定位用的槽，以便嵌放在后端盖上。

1—30接线柱；2—50接线柱；3—吸引线圈；4—保持线圈；5—拨叉；
6—电枢；7—永久磁极；8—行星齿轮减速装置；9—滚柱式单向离合器

图2-13 12VDW1.4型永磁减速式起动机原理简图

1—太阳轮；2、3、4—行星齿轮；

5—行星轮支架；6—内齿圈

图2-14 行星齿轮减速装置的啮合关系

六、起动系统的安全保护

1. 安全保护装置的功用

为保证起动系统安全可靠地工作，在进口汽车的部分车型上设有安全保护（也称误操作保护）装置，其功用有以下两点。

① 当发动机已经正常起动后，如果未及时放松起动开关（或起动按钮），即未及时切断起动电路，起动机的驱动齿轮将不能及时与发动机飞轮分离，虽然有单向离合器的作用，发动机不会带动起动机的电枢超速旋转，但是发动机飞轮将带动起动机的驱动齿轮以极高的速度旋转，这将会造成单向离合器的滑磨，加速磨损。并且，起动机将以空载转速运转，既消耗电能又会加速起动机轴承的磨损。设置安全保护装置后，即使没有及时松开起动开关，也可及时切断起动机电路，避免上述现象的发生。

27 认识永磁减速式
起动机

② 在发动机正常运转时，若误接通起动开关（或按起动按钮），起动机驱动齿轮将在操纵装置作用下与飞轮轮齿相撞而损坏。为此需设置安全保护装置，避免驱动齿轮与飞轮碰撞。

2. 起动机保护起动继电器

发动机起动后，若未及时断开起动开关，就会造成单向离合器长时间滑磨而加速损坏；若起动后又误将起动开关接通，则起动机工作，将会造成起动机驱动齿轮与高速旋转的飞轮齿环撞击，从而加速齿轮损坏。这两种错误操作在实际中很难避免。为解决这个问题，在起动电路中采用了驱动保护电路。

如解放CA1091、东风EQ1090汽车采用了起动机继电器和充电指示继电器组成的组合继电器，起动机继电器有一对常开触点，充电指示继电器有一对常闭触点，其线圈由发电机中性点供电，起动机继电器线圈经充电指示继电器常闭触点搭铁。发动机未发动之前，由于发电机中性点无电压，充电指示继电器触点闭合，经起动机继电器的电路仅由点火开关控制；发动机起动后，发电机中性点电压达到规定值，充电指示继电器常闭触点断开，从而将起动机继电器切断，使起动机继电器触点不再闭合，起动机不会工作，从而实现了对起动机的保护。

● 电磁继电器控制的安全保护装置。将起动机继电器（或电磁开关）的线圈经充电指示灯继电器（或磁场继电器）搭铁构成的保护电路，如三菱、日野等。

● 电子控制继电器的安全保护装置。通过电子电路控制的安全保护电路，如奇瑞、日产等。

任务实施

28 起动机零件的拆分

一、起动机拆卸

① 分解前对起动机外部进行清洁。

② 拆下电磁开关上的电机接线柱，如图2-15所示。

③ 拆下固定电磁开关的螺母，取下电磁开关，如图2-16所示。

图2-15　拆接线柱

图2-16　拆电磁开关

④ 拧下后端盖的两个固定螺栓，取下后端盖（小心弹簧飞出），如图2-17所示。

⑤ 取出绝缘垫片，拿出电刷、弹簧与电刷架，如图2-18所示。

图2-17　拆后端盖

图2-18　取出电刷、弹簧与电刷架

⑥ 取出定子总成，如图2-19所示。

⑦ 将转子总成与拨叉一起取出，如图2-20所示。

图2-19　取定子总成

图2-20　取转子总成与拨叉

二、起动机零部件的检测

1. 转子总成的检查

① 转子线圈断路现象的检查如图 2-21 所示。用万用表蜂鸣挡测量转子线圈导通情况：将两表笔接触在换向器片上，有蜂鸣声响，表示转子线圈良好；如显示为"1"，转子线圈有断路现象，应更换。

29 起动机零件的检修

② 转子线圈的绝缘情况检查如图 2-22 所示。用万用表蜂鸣挡测量转子线圈的绝缘情况：将一表笔接触换向器片，另一表笔接触转子轴，显示为"1"，表示转子线圈绝缘良好；如有数值显示（有蜂鸣声响），转子线圈有搭铁故障，应更换。

图 2-21　测量转子线圈导通情况

图 2-22　检查转子线圈的绝缘情况

③ 换向器的检查。检查换向器表面有无烧蚀和失圆情况：若有轻微的烧蚀和失圆情况可以用细砂纸打磨；若有严重的烧蚀和失圆情况，应更换。

④ 转子轴弯曲度的检查。检查转子总成表面有无摩擦痕迹，若有摩擦痕迹，表明转子轴弯曲或轴承磨损，应更换。

2. 定子总成的检查

① 定子总成两对电刷的导通检查如图 2-23 所示。用万用表蜂鸣挡测量两对电刷之间连接的导通情况，应相对导通，相邻不通。反之，说明有断路或有搭铁故障，应维修或更换。

② 定子线圈电阻的检查如图 2-24 所示。用万用表最小挡，将一表笔接触负电刷，另一表笔搭铁，若电阻值为 0.3Ω 左右，说明定子线圈电阻正常；若电阻值为"1"，则说明定子线圈断路，应更换。

图 2-23　测量电刷的导通情况

图 2-24　测量定子线圈电阻

③ 电刷的检查。用卡尺检查电刷长度，电刷长度应不低于新电刷长度的 2/3（国产起动机新

电刷长度一般为 14mm），否则应予以更换。电刷与换向器的接触面积应大于 75%以上，否则应研磨电刷。电刷在电刷架内应活动自如，无卡滞现象。

④ 单向离合器的打滑检查如图 2-25 所示。将单向离合器夹紧在虎钳上，顺电枢旋转方向扳动扭力扳手，应能承受 25.2N·m 扭力的而不打滑。反向转动灵活，无卡滞现象。

⑤ 电磁开关的检查包括对吸引线圈电阻和保持线圈的检查。

吸引线圈电阻的检查如图 2-26 所示。用万用表最小电阻挡测量吸引线圈的电阻值，一表笔接触开关接线柱，另一表笔接触直流电机接线柱。标准吸引线圈的电阻值为 0.5～0.8Ω。若电阻值小于标准值或无穷大，说明吸引线圈有短路或有断路故障，需要更换。

图 2-25　离合器打滑检查

图 2-26　测量吸引线圈电阻

保持线圈电阻检查如图 2-27 所示。用万用表最小电阻挡测量保持线圈的电阻值，一表笔接触开关接线柱，另一表笔搭铁。标准保持线圈的电阻值为 1.3～1.5Ω。若电阻值小于标准值或无穷大，说明保持线圈有短路或有断路故障，需要更换。

⑥ 轴承检查。将转子轴分别放入前后端盖，径向晃动，应无明显间隙，间隙过大应更换轴承。轴承转动灵活应无异响、卡滞现象，如图 2-28 所示。

⑦ 检查壳体、拨叉、电刷架及绝缘垫应无裂纹、损坏现象；电刷压紧弹簧弹力应良好，如图 2-29 所示。

图 2-27　测量保持线圈电阻

图 2-28　检查轴承

图 2-29　检查拨叉、电刷架及绝缘垫等零部件

三、起动机的安装

按照与拆卸相反的顺序将起动机装好，安装时需注意：轴承轴颈等部位内应加入干净润滑脂；装好起动机后，起动运转时平稳灵活，无明显的前后窜动，无异响。

① 将拨叉与转子总成一起装入前端盖内（拨叉应能活动自如），如图 2-30 所示。

② 安装定子总成（要将定子总成的缺口放入拨叉的凸点），如图 2-31 所示。

30 起动机零件的复装

图 2-30　装拨叉与转子总成

图 2-31　装定子总成

③ 装好电刷架后，放入电刷，安装电刷压紧弹簧（电刷的圆弧面朝向换向器，安装压紧弹簧时小心弹簧飞出），如图 2-32 所示。

图 2-32　装电刷和弹簧

④ 安装好绝缘垫片，盖上后端盖，拧紧长螺栓（应将后端盖缺口装入绝缘胶内，对正前后端盖上的螺孔，长螺栓的拧紧力要适中），如图 2-33 所示。

（a）盖上后端盖

（b）拧紧长螺栓

图 2-33　安装后端盖

⑤ 装入电磁开关，拧紧电磁开关的螺母；接好直流电动机的连接线，并紧固螺母（将拉杆装入拨叉槽内，电动机接线柱朝下），如图2-34所示。

（a）装电磁开关　　　　　　（b）紧固接线柱

图2-34　装电磁开关

四、起动机装复后的空载试验

① 把蓄电池"+"接到起动机"+"接线柱，如图2-35所示。

② 把蓄电池"−"接到起动机的外壳上（当负极碰到起动机的外壳时有火花产生，说明起动机有短路现象）。

③ 将蓄电池"+"接线柱与开关接线柱短接，起动机应运转有力。

④ 拆线时要注意先拆负极。

图2-35　空载试验图

拓展训练

一、汽车起动系统控制电路

1. 解放红塔CA1020型汽车起动系统控制电路（见图2-36）

当把点火开关拧到ST挡时，接通起动机继电器电源，电流通过继电器磁化线圈，使铁芯磁化，吸下活动触点，触点闭合，接通开关电路；在吸引线圈和保持线圈电磁力的作用下，活动铁芯被吸入，带动拨叉拨动驱动齿轮与发动机飞轮齿环啮合，同时活动铁芯推动推杆移动，使接触盘将起动机主电路接通，于是蓄电池便向起动机激磁绕组和电枢绕组大电流放电，产生正常的转矩，带动曲轴旋转起动发动机。当发动机起动后，放松点火开关旋钮，点火开关回位，切断起动机继电器磁化线圈电路，使触点打开。吸引线圈和保持线圈电磁力由于断电而消失，活动铁芯在复位弹簧张力的作用下退回原位，驱动齿轮退出啮合，同时接触盘回位，切断起动机主电路，起动机便停止工作。

2. 五菱小旋风汽车起动系统控制电路（见图 2-37）

图 2-36　CA1020 型汽车起动系统控制电路图

图 2-37　五菱小旋风汽车起动系统控制电路图

五菱小旋风起动原理与红塔 CA1020 型汽车起动原理基本一样，不同的是它没有起动机继电器。当把点火开关拧到 ST 挡时，电流直接通过电磁开关，在吸引线圈和保持线圈电磁力的作用下，活动铁芯被吸入，带动拨叉拨动驱动齿轮与发动机飞轮齿环啮合，同时活动铁芯推动推杆移动，使接触盘将起动机主电路接通，于是蓄电池便向起动机激磁绕组和电枢绕组大电流放电，产生正常的转矩，带动曲轴旋转起动发动机。

3. 有防盗系统的起动系统控制电路（见图 2-38）

当把点火开关拧到"ON"时，电流分两路走，第一路电流直接流到行车电脑（ECU），第二路通过起动断路继电器流经防盗报警器，解码后断路继电器保持接通，然后通过起动机继电器流经变速器，当变速器是手动或自动变速器位于"P"挡时，线路导通，起动机继电器接通，电流流到起动机，一旦行车电脑给出信号则起动。

当电流通过断路继电器到防盗报警器时，如果防盗报警器不工作（没有解码），断路继电器由于磁场作用将开关打开，起动机中没有电流通过，汽车无法起动。

4. 雪佛兰科鲁兹车型起动电路图（见图 2-39）

蓄电池通过保险丝给车身控制模块、发动机控制模块供电。车身控制模块通过内置变压器将 12V 电转变为 5V 电压，由车身模块"22"号针脚通过线路给点火开关"6"号针脚提供 5V 工作电源。

当起动发动机时，将点火开关打到"ST"挡，开关接通，经电阻由点火开关"4"号针脚通过线路给车身控制模块"15"号针脚一个起动信号。车身控制模块通过中央数据线路与发动机控制模块共享起动信号，发动机控制模块检测变速器挡位信号，确定挡位信号（手动挡变速器需要确定是空挡，挂上挡位的需要离合器分离信号。自动挡需要确定空挡信号或"P"挡信号）。

图 2-38　有防盗系统的起动系统控制电路图

图 2-39　雪佛兰科鲁兹车型的起动电路图

发动机控制模块确定挡位信号为可以起动的时候，通过发动机控制模块"10"号针脚给起动机继电器"86"号针脚一个起动信号，电流经起动机继电器线圈通过"85"号针脚进入"X3"保险盒接头的"21"号针脚与车身搭铁，电流形成回路，继电器线圈产生磁场，将继电器触点闭合。蓄电池电源经"30A"保险丝由继电器"30"号针脚进入继电器，通过已闭合的继电器触点，通过继电器"87"号针脚进入"×3"保险盒接头的"5"号针脚，分别进入发动机控制模块和起动机。

进入发动机控制模块"69"号针脚的是一个起动机工作反馈信号。进入起动机的是工作信号。

由继电器"87"号针脚出来的电流经起动机"×1"接头的"1"号针脚进入起动机电磁开关吸引线圈与保持线圈。电流经保持线圈出来搭铁，电流形成回路，保持线圈产生磁场。

电流经吸引线圈出来进入起动机电机线圈再搭铁，电流形成回路，吸引线圈产生磁场，磁场将起动机开关吸合，起动机电机由于小电流流入，电机慢慢旋转已便于起动齿轮与飞轮齿轮啮合。当起动机齿轮与飞轮齿轮啮合时，起动机开关继续闭合。

蓄电池电流经"250A"保险丝由起动机开关进入起动机电机搭铁，电流形成回路，大电流流过起动机电机，起动机工作。

当起动机带动发动机工作后，放开点火开关，点火开关电源与"ST"挡断开，无电流进入车身控制模块。车身控制模块接收断开起动信号，断开起动信号与发动机控制模块信息共享。发动机控制模块切断给起动机继电器的起动信号，起动机继电器线圈无电流经过，磁场消失，起动机继电器触点由于弹簧作用触点回位，蓄电池经"30A"保险丝进入继电器的电流断开。发动机控制模块"69"号针脚接收到起动机无工作反馈信号。起动机电磁开关线圈无电流经过，磁场消失，起动机开关由于弹簧回位，蓄电池电流经"250A"保险丝进入起动机，电流断开，起动机停止工作。

二、汽车起动系统的故障判断与排除

汽车的起动系统包括蓄电池、起动机、继电器和连接导线等，其故障有电气方面的，也有机械方面的。下面以五菱小旋风型汽车为例，分析起动系统的故障现象和原因。

31 汽车起动机的检测

1．起动机不转动

（1）故障现象

起动时，点火钥匙开关拧到起动挡，起动机不工作。

（2）故障原因

① 蓄电池亏电严重，导线接头松动或极柱太脏，点火开关触点烧蚀。

② 电磁开关中的吸引线圈断路、短路；起动机电磁开关触点烧蚀而未闭合。

③ 定子线圈或转子线圈有断路、短路或搭铁故障。

④ 电刷在电刷架内卡死、弹簧折断。

⑤ 保险丝烧断。

（3）故障排除思路

① 检查蓄电池充电情况和导线、保险丝连接情况，如蓄电池存电充足、接线良好，则故障出在起动机、电磁开关。

② 用起子连接起动机的两接线柱，若起动机不转动，则故障在起动机内部。当起子短接时无火花，表明起动机内部有断路；若有强烈火花，起动机仍不转动，则表明起动机内部有短路或搭

铁故障，应拆下起动机进一步检修。

③ 用起子连接起动机的两接线柱时，若起动机空转正常，则故障出在电磁开关中。

2. 起动机运转无力

（1）故障现象

蓄电池存电良好，线路也正常，但起动机工作时运转无力，转速过低，不能使发动机着车。

（2）故障原因

① 换向器过脏。

② 电刷磨损过多或电刷弹簧压力不足使电刷接触不良。

③ 定子线圈或转子线圈有局部短路。

④ 起动机开关触点烧蚀。

⑤ 起动机装配过紧，使转动阻力过大。

（3）故障排除思路

从汽车上拆下起动机，解体后进行常规检测，逐一排除。

3. 起动机驱动齿轮周期地敲击飞轮，发出"咯咯"声

（1）故障现象

起动时，起动机发出"咯咯"声后便停止工作。

（2）故障原因

一般为电磁开关中的保持线圈断路、短路或搭铁不良。

（3）故障排除思路

检修或更换电磁开关。

4. 起动机空转

（1）故障现象

起动时，起动机转动，但发动机不转。

（2）故障原因

① 单向离合器打滑。

② 拨叉断裂或损坏。

（3）故障排除思路

① 更换单向离合器，更换拨叉。

② 进行常规起动机检修。

5. 单向离合器不回位

（1）故障现象

发动机起动后，起动机驱动齿轮不与飞轮啮合。

（2）故障原因

① 电磁开关中触点与接触盘烧结。

② 复位弹簧失效。

③ 蓄电池电量不足，牙齿啮合后不运转。

（3）故障排除思路

① 检查控制电路。

② 从汽车上拆下起动机，解体后进行常规检测。

6. 汽车综合故障排除

（1）故障现象

驾驶员反映汽车起动机有时转动无力（在冷车时容易出现此故障，其他大多数情况下，起动机工作正常）。某天，驾驶员将点火开关转至"START"位置，只听见"嗒嗒"几声，起动机不能转动。

（2）故障原因

① 蓄电池有故障，蓄电池自身亏电或发电机发电量不足。

② 起动机有故障。

③ 线路有故障。

（3）检测步骤

① 用万用表检查蓄电池电压，是否为 12V。

② 拔下起动机电磁开关插头，将导线一端接在电磁开关接线柱上，另一端接在蓄电池正极上。若起动机转动正常，则故障出在点火开关至起动机电磁开关间；若起动机不转或转动无力，则故障出在起动机上，经过测试，起动机转动无力。

③ 检查蓄电池至起动机的正极导线，也正常，故障就应该出现在起动机上。

④ 拆下起动机检查，起动机内部正常。将起动机夹在虎钳上，对起动机进行无负荷测试。用导线将起动机外壳接至蓄电池负极，用粗导线将蓄电池正极和起动机"+B"端子接在一起，用导线短接蓄电池正极和起动机电磁开关，起动机立即转动起来，转速 3 000r/min，听声音，起动机转动无力。

⑤ 经分析故障出现在起动机线路上。起动机"+B"线路没问题，那么车身搭铁的嫌疑就比较大了，注意到车架与自动变速器间有一条粗导线。经检查发现粗导线与车架连接处螺栓松动，将此处螺栓紧固后，故障排除。

（4）故障确定

该车由于起动机搭铁线松动，造成起动时的起动电流减小，从而使起动机转动无力。

一、汽车起动机的发展趋势

随着科学技术日新月异的发展，尤其是各种高性能原材料的不断出现和应用，CAD、CAN技术、新加工技术和自动控制技术等的广泛应用和不断提高，汽车工业在以节能、环保为主题的同时，在可靠、安全及舒适等方面将出现一次大的技术变革和突破，汽车起动机将向下列几个方面发展。

① 随着微型车、重型车比重的扩大，起动机亦也在 <1.0kW 和 >9.0kW 的功率等级上有所发展。

② 随着低油耗、低污染的现代柴油机应用领域的扩大，在中、轻型车尤其是在轿车上的大量采用，要求起动机必须更进一步优化设计，应用新材料、新结构，提高功率密度，在不增加体积的前提下增大输出功率和输出转矩。

③ 高磁性能、高减速比的永磁减速式起动机采用稀土 R-Fe-B 系永磁材料磁极，减速比为 5 以上或更高的行星齿轮减速输出型起动机将成为主攻的目标。

④ 起动机、发电机的一体化技术。

二、一键启动系统

汽车智能一键式启动无钥匙系统简称一键启动，是目前市场上比较火的汽车防盗和导航装置，兼具智能感应开启车门功能和一键式按钮启动发动机功能。

一键启动最早源于宝马 7 系，是当仁不让的豪华车型才配得上的配置。如今，随着汽车消费潮流的发展和高端科技向普通家用轿车延伸的趋势，越来越多的家用轿车也用上了这一科技配置。其实，一键启动不仅免去了处处带着钥匙的牵绊，更是商务人士和时尚潮人走在时代前沿的标志之一。

7. 无钥匙起动系统类型

其按照使用方法可分为以下两类。

（1）按键式

点火按钮位于中控台伸手可及之处，因此也称"一键启动"（见图 2-40），例如宝马、奔驰等。

（2）旋钮式

一般就位于原始的钥匙插口处，但是无需插车钥匙，直接拧动旋钮（见图 2-41）即可启动，例如日产、马自达等。

图 2-40　按键式

图 2-41　旋钮式

8. 一键启动操作说明

① 打开中控锁、开车门进入车内启动：开关按键上的"ENGINE START/STOP"字样会发蓝色光。

② 发动机在熄火状态下不踩刹车：a. 短按一次按键,按键上的 LED 灯会发红光，这时进入"ACC"状态；再按一次按键 LED 灯会发蓝光,这时进入"ON"状态；再按一次按键 LED 灯熄灭，进入"OFF"状态。短按按键时,状态会在 OFF—ACC—ON—OFF 之间循环。b. 在任何状态下长按按键3s 以上发动机启动,这时 LED 灯发紫色光。

③ 发动机在熄火状态下踩刹车：在任何状态下按按键发动机马上启动，这时 LED 灯发紫色光。

④ 发动机在启动状态下不踩刹车：长按按键 3s 以上发动机熄火，LED 灯熄灭。

⑤ 发动机在启动状态下踩刹车：短按按键发动机马上熄火，LED 灯熄灭。

⑥ 打开车门出去后，关中控锁"ENGINE START/STOP"字样的灯会熄灭。

9. 一键启动的主要功能

（1）自动感应关锁

当车主熄火下车离开后，只需关好车门，车门锁会自动锁上并进入防盗状态。

（2）未关门提示

离开时如侧门或尾门任一车门未锁好，车辆会自动发出警示声，提醒关好车门，避免未关好车门而造成车辆受损或车内财物丢失等损失。

（3）解除防盗警戒

在防盗警戒中，短按解除键一下，车门开锁，喇叭"嘀"两声后变成静音；防盗喇叭不鸣叫，车灯闪两次。若防盗解除后 28s 内无任何触发，主机将自动回防，或者进入启动按钮密码启动模式。

（4）寻车

任何状态，长按防盗键，喇叭鸣叫，车灯闪动，10s 后退出寻车功能。

（5）防抢

当开关处于"ACC"或"ON"状态时，长按防盗键 3s，车灯一直闪，喇叭长鸣，30s 后引擎将自动锁定，主机周期报警。只能按解除键解除。

（6）门未关好提示

① 防盗系统在设定警戒后，车辆一直受到振动触发，防盗系统会延时进入警戒状态，直到振动触发停止后，3s 内自动进入防盗警戒。

② 防盗系统在设定警戒后，如车门未关好，10s 后车灯闪三次，喇叭叫三声提示车主门未关好，如车门还没关好，3s 后主会紧急报警。

（7）中控门锁自动化

汽车行驶 12s 后踩动脚刹两次，中控锁自动关锁，当停车熄火时，中控门锁自动开锁。在行驶中按防盗键，中控锁关锁；按解除键，中控锁开锁。

（8）状态保存

失电前，防盗报警系统处于何种状态，重新获电 5s 后，防盗系统会自动恢复到失电前的状态。

（9）灯警示暂停车

在行驶中，打开车门，车灯立即闪烁 8 次提醒后面来车。

技能训练

1．按要求拆装起动机。
2．按要求排除常见的起动故障。

综合训练

刘老板去外地出差回来，发现自己的别克威朗轿车无法起动，每次起动时都能听到起动机转动的声音，但不能使发动机运转，请根据所学知识分析其故障发生的原因并制定解决方案，根据方案排除故障（限起动系统）。

提示

请按照手册上的流程将故障排除。

项目三 3 汽车点火系统

任务描述

　　王先生有一辆开了 3 年的五菱小旋风汽车，某天突然无法起动，将车拉到 4S 店经维修技师检测：电源电压正常、起动机正常，油路、喷油器等都没有问题，拆卸火花塞试点火后发现火花比较弱，更换后故障排除。本项目主要介绍点火系统的构造及工作原理，以及主要零部件的检测等知识。

知识准备

一、点火系统概述

　　由于汽油自燃温度高，难以被压燃，因此汽油发动机设置了点火系统，采用电火花点燃可燃混合气。汽车点火系统的作用是：在发动机各种工况和使用条件下，使火花塞适时、可靠地产生足够强的电火花，以点燃气缸内的可燃混合气。

　　1. 发动机有效工作的必要条件

　　① 足够高的压缩压力。

　　② 正确的点火时刻及强大的火花。

　　③ 空气—燃油混合气的浓度适当。

　　2. 点火系统必须满足的基本条件

　　为了保证可靠点火，点火系统应满足以下基本条件。

　　① 能迅速产生足够高的高压电以击穿火花塞电极间隙。为了确保发动机在工作时火花塞的电极间隙能被击穿产生电火花，通常要求点火系统必须能够提供 10～50kV 的高电压，并且要求能够迅速产生高电压。

　　② 电火花应有足够的点火能量。发动机温度越低，所需的点火能量越高，起动时所需的点火能量越高。为保证发动机具有较高的经济性及较少的排放污染物，一般要求电火花的能量应达到 15～50mJ，而且电火花还要有一定的持续时间，通常不少于 500mJ。

③ 点火时间必须正确，能与发动机的各种工况（如负载、转速）及汽油品质相匹配、相适应。为使发动机在把热能转换成机械能的过程中输出最大功率，点火装置必须根据发动机工况的变化来确定最佳点火时间。

④ 在特殊使用条件下，如热带、寒带、潮湿地带及空气稀薄的高源地区行驶的车辆，点火装置必须能可靠地工作。

3. 点火系统的分类

汽车点火系统按初级电路通断的控制方式不同可分为传统点火系统、半导体点火系统和计算机控制点火系统3种类型。

（1）传统点火系统

传统的点火系统是指初级线圈的通断是由断电器触点控制的点火系统。传统点火系统结构简单、价格便宜，但故障率高，高速性能差，已被逐步淘汰。

（2）半导体点火系统

半导体点火系统是指初级线圈的通断由晶体管控制并且采用机械式提前角调节装置的点火系统，也称"晶体管点火系统"或"普通电子点火系统"。它具有高速性能好、点火时间精确、结构简单、质量轻及体积小等优点，已逐渐取代传统点火系统。

（3）计算机控制点火系统

计算机控制点火系统是指计算机根据各种传感器输入的信号，经过数学运算和逻辑判断控制初级电路通断的点火系统。计算机控制点火系统取消了机械式提前角调节装置，点火时间控制更精确，应用越来越广。

32 认识微机控制点火系统

按点火能量存储方式的不同，目前汽车上的蓄电池点火系统可分为电感放电式和电容放电式。电感放电式点火系统是将点火能量存储在点火线圈产生的磁场中，而电容式点火系统是将点火能量存储在储能电容器的电场中。

二、传统点火系统的各部件构造及作用

点火系统内有两个相互独立的电路：初级电路和次级电路。初级电路也叫低压电路，其电源是蓄电池和发电机。次级电路也叫高压电路，其工作电压在 5 000～50 000V，具体电压值由所用的点火系统类型及发动机工况而定。点火系统的初、次级电路主要由蓄电池、发电机、点火开关、点火线圈、附加电阻、分电器、电容器及火花塞等器件组成，如图 3-1 所示。

图 3-1 传统点火系统结构图

1. 蓄电池

蓄电池是点火系统的能量来源。发动机起动时由蓄电池供电，起动后由发电机供电。蓄电池负极的一侧与车架相连而搭铁，而正极的一侧直接与点火开关相连。

2. 点火开关

点火开关的作用是接通或切断提供给点火系统的初级电流。正常工作时电流流过一个附加电阻；起动时，附加电阻被短路。大多数点火开关做成钥匙锁形式。点火开关的种类较多，通常按接线极柱的多少可分为三接线极柱式（见图3-2（a））和四接线极柱式（见图3-2（b））。三接线极柱式点火开关有三个接线极柱，一个接电源，一个接点火线圈的低压电源开关接线极柱，最后一个接其他用电设备（如电气仪表等）。而四接线极柱式点火开关比三接线极柱式点火开关多了一个锁止挡。

33 认识传统点火系统

（a）三接线极柱式点火开关　　　　　（b）四接线极柱式点火开关

图3-2　点火开关

目前，汽车点火开关正朝着一体化、多功能的方向改进，即点火开关除接通与切断点火系统电源外，还可以控制起动机、音响设备及汽车防盗系统等。

遥控式汽车防盗系统已广泛使用在中、高档汽车上。它由司机携带的遥控发射器和汽车内的防盗控制装置组成。每次司机离车时，先用遥控发射器给汽车上"锁"，即遥控起动汽车上的防盗警戒系统，此后如果有人推动汽车、撬砸车门窗（受震动）或非法开车（强行点火），汽车防盗系统均会发出高音警报并断开汽车点火起动系统，以保护汽车安全。司机在上车前用遥控发射器给汽车开"锁"，关掉防盗警戒系统。这种遥控发射器发出的是含有一串固定密码的高频控制信号，每套防盗系统的密码均不相同，因此每个司机都能放心地遥控自己的汽车防盗系统。它具有使用方便，可靠度高，安全性能好，车内安装隐蔽等特点。

发动机防盗锁止系统是针对发动机安装了一套防盗系统，因此即使盗车者能打开车门，也无法将车开走。典型的发动机防盗锁止系统是这样工作的：汽车点火钥匙中内装有电子芯片，每个芯片内都装有固定的ID（相当于身份识别号码），只有钥匙芯片的ID与发动机一侧的ID一致时，汽车才能起动。如果不一致，汽车就会马上自动切断电路，使发动机无法起动。

3. 点火线圈

点火线圈的作用是将汽车电源的低电压变为高电压。点火线圈（见图3-3）是点火装置中的核心组件，通常安装在汽车发动机罩内的前挡板或侧面支架上。它的作用之一就是如同一个变压器一样，将蓄电池的12V电压升高为几万伏的高压。同时为了保证火花塞能够持续跳火一段时间，因此它又是一个储能装置。点火线圈是利用电磁互感原理制成的。

通常的点火线圈里面有铁芯、初级线圈和次级线圈（见图3-4）。初级线圈用较粗的漆包线，通常用0.5～1mm的漆包线绕200～500匝；次级线圈用较细的漆包线，通常用0.1mm左右的漆包线绕15 000～25 000匝。初级线圈一端与车上低压电源（+）连接，另一端与开关装置（断电器）连接。次级线圈一端与初级线圈连接，另一端与高压线输出端连接输出高压电。

图 3-3　点火线圈

34 独立点火线圈

次级线圈
初级线圈
铁芯
弹簧
外壳
高压端子
火花塞

图 3-4　点火线圈的构造

35 独立点火线圈
的组成

　　点火线圈之所以能将车上低压电变成高电压，是由于有与普通变压器相同的形式，初级线圈与次级线圈的匝数比大。但点火线圈的工作方式与普通变压器不一样。普通变压器是连续工作的，而点火线圈则是断续工作的，它根据发动机不同的转速以不同的频率反复进行储能及放能。

　　当初级线圈接通电源时，随着电流的增大在四周产生一个很强的磁场，铁芯储存了磁场能；当开关装置使初级线圈电路断开时，初级线圈的磁场迅速衰减，次级线圈就会感应出很高的电压。初级线圈的磁场消失速度越快，电流断开瞬间的电流越大，两个线圈的匝数比越大，则次级线圈感应出来的电压越高。

　　点火线圈依照磁路分为开磁式及闭磁式两种。传统的点火线圈是用开磁式，其铁芯用 0.3mm左右的硅钢片叠成，铁芯上绕有次级与初级线圈。闭磁式则采用形似Ⅲ的铁芯绕初级线圈，外面再绕次级线圈，磁力线由铁芯构成闭合磁路。闭磁式点火线圈的优点是漏磁少，能量损失小，体积小，因此电子点火系统普遍采用闭磁式点火线圈。

　　双缸点火是指两个气缸合用一个点火线圈（见图3-5），因此这种点火方式只能用在气缸数目为偶数的发动机上。如果在四缸机上，当两个缸的活塞同时接近上止点时（一个缸处于压缩状态，另一个缸处于排气状态），两个火花塞共用一个点火线圈且同时点火，这时候一个是有效点火，另一个则是无效点火：前者处于高压低温的混合气中，后者处于低压高温的废气中，因此两者的火花塞电极间的电阻完全不一样，产生的能量也不一样，导致有效点火的能量大得多，约占总能量的 80%。

36 双缸同时点火线圈

图 3-5　双缸点火线圈

单独点火是指每一个气缸分配一个点火线圈，点火线圈直接安装在火花塞上的顶上，这样还取消了高压线。这种点火方式通过凸轮轴传感器或通过监测气缸压缩来实现精确点火，它适用于任何缸数的发动机，特别适合每缸 4 气门的发动机使用。因为火花塞点火线圈组合可安装在双顶置凸轮轴（DOHC）的中间，充分利用了间隙空间。由于取消了分电器和高压线，能量传导损失及漏电损失极小，没有机械磨损，而且各缸的点火线圈和火花塞装配在一起，外用金属包裹，大幅减少了电磁干扰，可以保障发动机电控系统的正常工作。

4. 点火正时

点火正时是为了使发动机输出最大的功率和减少排气污染，气缸内的混合气必须在最佳时刻进行点火。而电火花点燃空气—燃油混合气后，火焰需要一定的时间才能扩散至整个燃烧室。如果点火发生在活塞恰好到达上止点的位置，则混合气燃烧时，活塞也开始下移而使气缸容积增大。此时燃烧压力较低，发动机功率减小。但如果点火过早，则活塞还处于向上止点移动的过程中，气缸内的气体压力已达到很大数值，这时气体压力作用的方向与活塞运动的方向相反，会使有效功减小，发动机功率也将减小。

• 点火正时：要求在活塞处于压缩行程、但尚未到达上止点以前的某一时刻点火，使混合气充分燃烧，产生最大爆发力，正好全力推动活塞下行作功，这个时间上的配合就称作点火正时。

• 点火提前角：从某缸火花塞跳火到该缸活塞到达压缩行程上止点曲轴转过的角度称为点火提前角。

• 最佳点火提前角：能够实现发动机输出功率最大，排放合乎标准的点火提前角就称为最佳点火提前角。

最佳点火提前角并不是一个定值，它随许多因素而变化，其中最主要的影响因素是发动机转速和负载。一般设有两套自动调节点火提前角的装置。一套能随发动机转速的变化而自动改变点火提前角，即离心式点火提前调节装置；另一套则主要按发动机负载的不同而自动调节点火提前角，即真空式点火提前调节装置。此外，最佳点火提前角还与所用的汽油品质有关——当发动机更换不同牌号的汽油时，必须相应调节点火提前角。因此点火系统中还专门设计了辛烷值校正装置。

初始点火正时是指点火提前装置尚未运作，发动机怠速运转中的时间配合。初始点火正时对应的曲轴转角称作基本曲轴转角。基本曲轴转角也正是点火发生时，1号气缸压缩到一定阶段的适当时刻。

初始点火正时由改变分电器相对发动机的安装位置来调整。其方法是：转动分电器，直至曲轴传动带轮上的装配记号和发动机正时齿轮箱上的记号对正用正时灯检查。注意，因为火焰扩散速度取决于发动机排量及燃烧室形状，所以初始点火正时随发动机型号不同而异。其调整程序细节及规范因发动机不同而异，请参看有关的发动机修理手册。

5. 火花塞

火花塞（sparkplug），俗称火嘴，如图 3-6 所示。

37 点火系统的检测

1—接线螺母；2—绝缘体；3—金属杆；4—垫圈；5—壳体；6—导电玻璃；

7—密封垫；8—垫圈；9—侧电极；10—中心电极

图 3-6　火花塞

（1）火花塞的组成

火花塞主要由接线螺母、绝缘体、接线螺杆、中心电极、侧电极及壳体组成，侧电极焊接在壳体上。

金属壳体带有螺纹，用于拧入气缸；在壳体内装有绝缘体，它里面贯通着一根中心电极，中心电极上端有接线螺母，连接从分电器盖过来的高压电线；在壳体的下端面焊有接地电极，中心电极与接地电极之间有 0.6～1.0mm 的间隙，高压电经过该间隙入地就会迸发出火花点燃混合气。

随着汽车工业的发展，火花塞的性能也在不断改进，借以提高汽油机的工作质量。为改善排气净化效果，采用了宽间隙火花塞（间隙为 1.0～1.2mm）

（2）火花塞的作用

火花塞的作用是把点火线圈产生的高压电（10 000V 以上）引入发动机气缸，在火花塞电极的间隙之间产生火花点燃混合气。火花塞的工作环境极为恶劣，以一台普通四冲程汽油机的火花塞为例，在进气冲程时温度只有 60℃，压力达到 90kPa；而在点火燃烧时，温度会瞬间上升至 3 000℃，压力达到 4 000kPa。

（3）火花塞的种类

火花塞按照热值高低来分，有冷型和热型；按照电极材料来分，有镍合金、银合金和铂合金等种类；火花塞的类型大致上有如下几种。

- 准型火花塞：绝缘体裙部略缩入壳体端面，侧电极在壳体端面以外，是使用最广泛的一种。
- 缘体凸出型火花塞：绝缘体裙部较长，凸出于壳体端面以外。它具有吸热量大、抗污能力好等优点，且能直接受到进气的冷却而降低温度，因而也不易引起炽热点火，故热适应范围宽。
- 电极型火花塞：其电极很细，特点是火花强烈，点火能力好，在严寒季节也能保证发动机迅速、可靠地起动，热范围较宽，能满足多种用途。
- 座型火花塞：其壳体和旋入螺纹制成锥形，因此不用垫圈即可保持良好密封，从而缩小了火花塞体积，对发动机的设计更为有利。
- 极型火花塞：侧电极一般为两个或两个以上，优点是点火可靠，间隙不需经常调整，故在电极容易烧蚀和火花塞间隙不能经常调节的一些汽油机上常常采用。
- 面跳火型火花塞：即沿面间隙型火花塞，也是一种最冷型的火花塞，其中心电极与壳体端面之间的间隙是同心的。

此外，为了抑制汽车点火系统对无线电的干扰，又生产了电阻型和屏蔽型火花塞。电阻型火花塞是在火花塞内装有 $5\sim10k\Omega$ 的电阻；屏蔽型火花塞是利用金属壳体把整个火花塞屏蔽密封起来，不仅可以防止无线电干扰，还可以用于防水、防爆的场合。

三、电子控制点火系统

在现代汽车上使用的点火信号发生器有磁感应式、霍尔效应式、光脉冲式和电磁振荡式，其中后两种应用较少。下面就磁感应式和霍尔效应式信号发生器的工作原理及无分电器式点火系统进行分析说明，其他形式信号发生器的工作原理请参看有关资料。

1. 磁感应式信号发生器

磁感应式信号发生器的结构和工作过程如图3-7所示。

永久磁铁经支座、磁感应线圈、空气隙和信号转子构成磁路，如图3-7（a）所示。信号转子上有与发动机气缸数相同的叶片，由分电器轴经离心式点火提前调节器的重块驱动。信号转子转动时，由于叶片的作用，使信号转子与磁感应线圈间的气隙发生变化，相应的磁通量变化速率也发生变化，磁感应线圈产生的信号电压也随之改变，如图3-7（c）所示。结果信号发生器就会向外输出一个交变的电压信号，且这个电压信号会随着发动机转速的增加而增大，如图3-7（b）所示。

(a) 信号发生器结构图　　　　　(b) 磁通变化速率与电动势的关系

图3-7　磁感应式信号发生器

零A　　　　　　　高B　　　　　　　零C　　　　　　　高D

感应线圈

磁铁

磁通变化零　　　　磁通变化最大　　　　磁通变化零　　　　磁通变化最大

(c) 信号发生器相对于感应线圈的位置

图 3-7　磁感应式信号发生器（续）

2. 霍尔效应式信号发生器

霍尔效应式信号发生器的工作原理如图 3-8 所示。将霍尔元件即半导体基片放在磁场中，并通过一个电流，电流的方向与磁场的方向相互垂直，结果在垂直于电流和磁场的霍尔元件的横向两侧会产生一个与电流和磁场强度成正比的电压。这种现象称为霍尔效应，这个电压称为霍尔电压。

图 3-8　霍尔效应式信号发生器的工作原理

霍尔元件固定在陶瓷支座上，它有 4 个接线端头，信号电流从 A 端流入 B 端，C、D 端形成霍尔电压。注意，信号发生器上的霍尔元件实质上是一个带有霍尔元件的集成电路块。霍尔元件对面装有永久磁铁，中间有空气间隙，触发叶轮由分电器轴带动旋转，触发叶轮的叶片数与气缸数相同。当触发叶轮上的叶片通过或离开间隙时，霍尔元件的输出电压就会发生一高一低的变化。当叶片偏离空气间隙时，磁通穿过霍尔元件，在 C、D 端产生霍尔电压，这时霍尔元件内的集成电路接通，电流流入 C、D 电路。此时用电压表的毫伏挡测量 C、D 端的电压将大于 0。当叶片转入永久磁铁和霍尔元件之间的间隙时，磁路被割断，这时霍尔电压为 0，霍尔元件内的集成电路断开，C、D 电路没有电流流过。此时用电压表的毫伏挡测量 C、D 端的电压将等于 0。当信号发生器的叶片通过间隙时，信号发生器向点火控制器（点火器或称点火模块）输出高电压，点火控制器使点火线圈初级电流接通。所以初级电流的通电时间即闭合角，受到相邻两个叶片间周距的控制。叶片之间的周距越小，初级电流接通的时间越长。霍尔开关闭合的瞬间，即叶片离开间隙时，信号发生器输出低电压，点火控制器使点火线圈初级电流截止，火花塞跳火，点燃混合气。

3. 无分电器式点火系统

无分电器式电子点火系统完全取消了分电器，它将点火线圈产生的高电压直接通过高压线传递给火花塞，使其点火。

无分电器式点火系统又分为双缸同时点火方式和单独点火方式两种，如图3-9所示。

图3-9　无分电器式点火系统

（1）双缸同时点火方式

① 组成。点火系统主要由点火线圈、高压线和火花塞等组成。

② 作用。产生高压电火花，点燃气缸中的混合气。

③ 工作原理。由曲轴位置传感器输入转速及转角信号，ECU据此控制相应的初级绕组接通与断开，从而在次级绕组中感应出高压电。

双缸同时点火方式指两个气缸合用一个点火线圈（见图3-10），即一个点火线圈有两个高压输出端，分别与两个火花塞连接，负责对两个气缸点火。排气行程的气缸和压缩行程点火的气缸同时点火。五菱B系列发动机就是采用双缸同时点火方式。

在有些双缸同时点火系统中点火线圈的次级绕组串联了一支高压二极管，其作用是避免功率晶体管导通时，点火线圈产生的电压造成火花塞误跳火。在大功率晶体管导通的瞬间，初级绕组产生的最大反电动势为

图3-10　点火线圈实物图

12～14V，次级绕组产生大约2 000V的电压。因为无分电器式点火系统没有配电器，所以这2 000V电压将全部作用于火花塞上。此电压若产生在压缩行程末期的实际点火时期，由于气缸压力高，此电压不足以使火花塞跳火，但如果大功率晶体管导通时发生在进气行程末尾与压缩行程的开始之间，这时气缸内的压力甚至低于大气压力，因此2 000V的高压很可能使火花塞跳火。特别是火

花塞间隙较小，而充电系统电压又大于 14V 规定值时，火花塞很有可能发生跳火，这将使发动机产生回火等现象而不能正常运转。为防止这种现象的产生，在点火线圈的次级线圈内串联 1 支高压二极管，当大功率晶体管 VT 导通时，由于二极管的反向截止功能，2 000V 的高压电就无法使火花塞跳火。而当大功率晶体管 VT 截止时，次级绕组产生高压电，二极管对此不产生影响，可使火花塞顺利跳火。

这种点火系统由于取消了分电器，因此它必须依靠发动机控制模块（ECU）根据凸轮轴位置传感器传来的曲轴位置信号（Ne 信号）及上止点参考位置信号（G 信号）来确定哪一个缸点火，然后向 ICM 发出汽缸辨别信号（IGDA 和 IGDB 信号），如图 3-11 所示。通过这两个汽缸辨别信号的组合，点火控制模块就可以确定接通和断开哪一对气缸的点火线圈初级电流，从而实现控制点火顺序。

图 3-11 点火电路图

（2）单独点火方式

单独点火方式指每个气缸的火花塞均配用一个点火线圈，单独对本缸进行点火，例如丰田威驰。这种点火方式非常适合在四气门每缸两个进气门和两个排气门发动机上使用。火花塞安装在两根凸轮轴的中间，每缸火花塞上直接压装一个点火线圈，很容易布置。奔驰 119 和 120 发动机、VOLVO 960 发动机、宝来 ACU 发动机、奥迪五缸发动机都采用这种点火方式。

这种点火系统的点火线圈采用了超小型塑封式点火线圈。火花塞采用了铂电极，电极间隙不需要检测和调整，每行驶 100 000km 应更换新火花塞。与前面的无分电器式双缸同时点火系统相比较，这种点火系统的主要特点有以下几点。

① 由于采用一个点火线圈对应着一个缸的火花塞，所以点火线圈的负载比双缸同时点火系统小得多，因此可以大幅度提高点火线圈的初级电流，从而使点火系统的点火能量更高，更加适应于高速、高压缩比发动机。

② 点火线圈次级输出不使用高压二极管，为防止初级电路接通时次级绕组产生的感应电动势在缸内误点火，要求点火线圈次级输出端与火花塞接线极柱之间有 3～4 mm 的间隙，该间隙由安装托架来保证。

③ 取消了高压线而由点火线圈直接向火花塞供电，因而能量损失小，效率高，电磁干扰少。

④ 由于点火线圈能安装在双凸轮轴的中间，因而节省了发动机周围的安装空间。

四、微机点火系统工作原理

1. 微机控制点火系统的基本原理

微机根据曲轴位置传感器提供的曲轴位置信号，判断出发动机各缸的活塞位置，并由这些脉冲信号计算出发动机转速值，再通过燃油喷射系统的节气门位置传感器或空气温度压力传感器确定出负荷的大小，可对发动机的运行工况做出较为精确的判断。根据发动机的转速和负荷的大小，微机从存储单元中查找出对应工况的点火提前角和点火初级电路导通时间，由这些数据对电子点火器进行控制，从而实现点火系统的精确控制。另外，微机系统还可能根据其他影响因素对这两个参数进行修正，实现点火系统的智能控制。控制过程主要包括发动机运行工况参数的采集与处理、控制参数计算、控制命令的输出和点火器的执行等（见图 3-12）。

图 3-12　微机控制点火系统原理图

2. 与点火系统有关的主要传感器

（1）曲轴位置传感器

曲轴位置传感器（见图 3-13）是发动机集中控制系统中最重要的传感器之一。它可提供发动机转速、曲轴转角、位置及活塞行程位置信号，以确定发动机的基本喷油时刻及点火时刻。曲轴位置传感器可分为磁电式、霍尔式和光电式 3 种类型。由于磁电式位置传感器结构简单，抗污能力、识别能力强，因此在现代汽车上应用较为广泛。

图 3-13　曲轴位置传感器安装图

① 安装位置。安装在变速壳上，拆卸及安装时应注意不要损坏传感器表面，并保证安装牢固。

② 结构。此传感器为电磁感应式传感器，由永久磁铁和线圈等组成。

③ 作用。检测曲轴转速及曲轴转角信号，将此信号输入 ECU，以决定点火和喷油时刻。

④ 工作原理。利用磁场强弱来控制霍尔电压的有无，从而输出相应的频率信号，信号的有无取决于磁场的通断。当触发轮经过传感器时，引起磁通量的变化，便在线圈中产生出一个交变电压信号，如图 3-14 所示。该信号的大小与触发轮的转数成正比。

接线端子：A—信号+；B—信号-；C—屏蔽层

图 3-14　曲轴位置传感器的原理及电路图

曲轴位置传感器（五菱 B 系列发动机为例）主要由转子和线圈组成。安装在变速箱前壳体上，作用是判断 1 缸或 4 缸上止点信号和曲轴转角信号，将此信号输给 ECU，以决定点火时刻及喷油时刻。

（2）凸轮轴位置传感器

① 安装位置。其安装在气缸盖凸轮轴端盖上，如图 3-15 所示。

（a）安装位置图　　　　　　　　　（b）实物图

图 3-15　凸轮轴位置传感器

② 作用。凸轮轴位置传感器的作用是采集配气凸轮轴的位置信号，并输入 ECU，以便 ECU 识别气缸 1 压缩上止点，从而进行顺序喷油控制、点火时刻控制和爆燃控制。此外，凸轮轴位置信号还用于发动机起动时识别出第一次点火时刻。

③ 工作原理。凸轮轴位置传感器可以测量出哪缸活塞正在处在压缩冲程的状态中，曲轴位置传感器可以测量出哪缸活塞正在上止点上，所以两者一般是配合在一起工作的。其工作原理和曲轴位置传感器的工作原理基本相似。

凸轮轴位置传感器可用来监测曲轴位置并将其凸轮轴关联起来，以便 ECM 判定喷油器可以向哪个汽缸喷油。对于每一个曲轴位置，凸轮轴传感器信号的极性只能改变一次。

（3）爆震传感器

① 安装位置。爆震传感器安装在气缸体上（见图3-16），用来检测发动机爆燃状况，将检测的信号输送至 ECU，在 ECU 内进行计算。

② 作用。检测发动机工作时是否产生爆震，并且根据爆震传感器的信号调整点火时刻使汽油发动机工作在临界爆震状态。

③ 工作原理。发动机的气缸体出现振动时，该传感器在7kHz 左右处与发动机产生共振，强磁性材料铁芯的导磁率发生变化，致使永久磁铁穿过铁芯的磁通密度也变化，从而在

图 3-16 爆震传感器

铁芯周围的绕组中产生感应电动势，并将这一电信号输入 ECM。当爆震发生时，在振动频率为7kHz 左右时振动振幅异常大，从这一点考虑，使爆震传感器在 7kHz 左右输出电压最高。ECM 只检出一定水平以上的爆震，通过确认超出该水平的程度就可以判定其爆震强度。

爆震传感器将检测到发动机爆燃的信号输送至 ECU，ECU 根据发动机爆燃情况发出是否滞后或提前点火时间的指令。爆震传感器代替传统点火系统的点火提前装置。

爆燃是指燃烧中本应逐渐燃烧的部分可燃混合气突然自燃的现象。它通常发生在离火花塞较远区域的末端混合气中。当电火花跳火后，火焰开始传播，燃烧室内最后燃烧部分的末端气体受到已燃气体的压缩和热辐射，温度和压力不断升高，当末端可燃混合气温度超过它的发火温度，即引起自燃，形成新的火焰核心，产生新的火焰传播。爆燃能使发动机部件承受高压，会使燃烧室和冷却系过热，严重时可使活塞顶部熔化。爆燃还会使功率下降，燃油消耗率上升。点火时间过早是产生爆燃的一个主要原因。由于要求发动机能够发出最大功率，点火时间应能提早到刚好不致于发生爆燃的角度。但在这种情况下发动机的工况微有改变，就可能发生爆燃。过去为避免这种危险，通常采用减小点火提前角的办法，但这样就要牺牲发动机的功率。为了不损失发动机的功率而又不产生爆燃，就需要用爆震传感器来解决这一问题。

压电式爆震传感器又分为共振型和非共振型两种。共振型传感器是由与爆燃具有几乎相同共振频率的振子（平衡配重），以及能够检测振子振动压力并将其转换成电信号的压电元件构成。非共振型爆震传感器是用压电元件直接检测爆燃信息。除此之外，还有的是在火花塞的垫圈部位装上压电元件，以便根据燃烧压力检测爆燃信号。

（4）进气歧管压力传感器

① 安装位置。如图3-17所示，进气歧管压力温度传感器（硅晶膜片式）安装在进气管道上，ECU 根据进气歧管内的压力传感器信号测量出进气量，并结合进气温度传感器信号，作为给发动机供油量的依据。

② 作用。根据进气歧管压力来间接地测量发动机吸入的空气量。

③ 工作原理。进气压力传感器主要由硅片、真空室和电路组成，硅片受到进气压力作用而变形，引起电阻值的变化，从而导致其输出的电压发生变化。ECU 根据电压信号的变化，结合其他传感器信号检测出进气流量。在一定测量范围内，传感器受到的压力作用和测量信号（电压信号）成线性关系，此即压力传感器特性曲线。根据此特性曲线，ECU 将接收到的电压信号换算成进气压力。传感器正常工作时，其管脚 A75 输出电压应在 0.195～4.883V（对应进气压力为 15～120kPa）。进气压力值与电压值对应关系如图3-18所示。

（a）进气歧管压力温度传感器安装位置　　　　（b）压力传感器电路图

图 3-17　进气歧管压力传感器

图 3-18　进气压力值与电压值对应关系

（5）进气温度传感器

① 作用。测定进气温度，使 ECM 能够计算出真实的进气量，进而修正基本喷油量。

② 安装位置。其安装在进气总管上，如图 3-19 所示。

③ 工作原理。进气温度传感器的感温元件为负温度系数热敏电阻，温度越高，电阻值越小；反之，温度越低，电阻值越高，其电路如图 3-20 所示。ECM 根据进气温度信号，对基本喷油量进行修正，修正量与温度成反比。

图 3-19　进气温度传感器安装

接线端子：1—信号地；2—温度信号；20℃～30℃的常温下，其阻值为 1 700～2 500Ω

图 3-20　进气温度传感器电路图

（6）节气门位置传感器

① 作用。用于检测节气门的开度，并将其转换成电信号输给电控单元，作为电控单元判定发动机运行工况的依据。

② 安装位置。其安装在节气门体上（见图 3-21），与节气门轴相连接，用于检测节气门的开度，并将其转换成电信号输给电控单元，作为电控单元判定发动机运行工况的依据。

图 3-21　节气门位置传感器安装位置

③ 工作原理。节气门位置传感器主要由滑片电阻和滑片组成，滑片与节气门轴同转。实际为一个滑动电位计，电位计输出与节气门开度成比例的电压信号。节气门开度小时输出电压低，节气门开度大时输出电压高，其电路如图 3-22 所示。

图 3-22　节气门位置传感器电路图

（7）水温传感器

① 作用。测定冷却液温度，并向 ECU 输送对应的电信号。ECU 据此判别发动机处于什么工况（冷车、暖机或热机），进而修正基本喷油量。

② 安装位置。安装在冷却水道上（出水口），如图 3-23 所示。

（a）水温传感器安装位置图

（b）实物图

图 3-23　水温传感器

③ 工作原理。水温传感器内部是一个半导体热敏电阻，它具有负的温度电阻系数。当温度传感器的电阻值随冷却液的温度变化时，信号线上的电压也随之改变。水温越低，电阻越高，输出电压越高。水温越高，电阻越低，输出电压越低，其电路如图 3-24 所示。

图 3-24　水温传感器电路图

（8）五菱 B 系列发动机汽车点火系统电路图（见图 3-25）故障诊断与排除程序

图 3-25　五菱 B 系列发动机汽车点火系统电路图

① 用万用表检查蓄电池的电压（12V）。

② 检查连接电脑版的保险是否烧坏，打开点火开关，发动机故障指示灯应亮，否则应检查 ECU 电源电路。

③ 拔下高压线，打开点火开关起动发动机，看高压线跳火情况。注意，跳火试验时一定要远离点火线圈。

④ 高压线有跳火情况，说明原因在高压线或火花塞，拆下火花塞检查或更换。

⑤ 高压线无跳火，打开点火开关，检查点火开关到点火线圈接头是否有电。无电，则是电路连接断路；有电则应检查点火线圈的初级绕组与次级绕组，点火线圈完好则应检查 ECU 与曲轴位置传感器。

⑥ 打开点火开关起动发动机，用万用表交流电压 20 挡检查曲轴位置传感器信号，应随着发动机转动有电压信号输出。无信号则是曲轴位置传感器损坏，应更换，有信号则可能是 ECU 故障。

任务实施

找出 B 系列发动机的主要传感器的位置，并测量电压和电阻。

1. 节气门位置传感器

把红黑表笔置于节气门位置传感器的任意两脚，改变节气门开度，观察读数变化情况，如图 3-26 所示。

图 3-26　测量节气门位置传感器

2. 凸轮轴位置传感器

① 用万用表的 20kΩ 电阻挡测量凸轮轴位置传感器的电阻，如图 3-27 所示。

② 用万用表的 20V 电压挡测量凸轮轴位置传感器的电压，如图 3-28 所示。

图 3-27　测量凸轮轴位置传感器的电阻　　　　图 3-28　测量凸轮轴位置传感器的电压

3. 曲轴位置传感器

用万用表的 20kΩ 电阻挡测量曲轴位置传感器的电阻，如图 3-29 所示。

图 3-29　测量曲轴位置传感器的电阻

4. 进气温度传感器

① 用万用表的 20V 电压挡测量电压，如图 3-30 所示。

② 用万用表的 20kΩ 电阻挡测量电阻，如图 3-31 所示。

图 3-30 测电压（一）

图 3-31 测量电阻（一）

5. 进气压力传感器

① 用万用表的 20kΩ 电阻挡测量电阻，如图 3-32 所示。

② 用万用表的 20V 电压挡测量电压，如图 3-33 所示。

图 3-32 测量电阻（二）

图 3-33 测量电压（二）

拓展训练

一、发动机不能起动且无着车征兆

1. 故障现象

接通起动开关时，起动机能带动发动机正常转动，但发动机不能发动，且无着车征兆。

2. 故障原因

① 油箱中无油。

② 电动汽油泵不工作。

③ 系统油压故障。

④ 曲轴位置传感器故障。

⑤ 点火系统故障。

⑥ 发动机气缸压缩压力过低。

⑦ ECU 故障。

3. 诊断流程

诊断流程如图 3-34 所示。

图 3-34　诊断流程

二、发动机不能起动，但有着车征兆

1. 故障现象

接通起动开关时，起动机能带动发动机正常转动，有轻微的着车征兆，但不能起动。

2. 故障原因

① 空气滤清堵塞、进气系统漏气、排气系统堵塞。

② 点火、配气正时不正确。

③ 高压火花太弱、乱火。

④ 系统油压故障。

⑤ 进气压力传感器故障。

⑥ 喷油器故障。

⑦ 水温传感器故障。

⑧ 气缸压力太低。

3. 诊断流程

诊断流程如图 3-35 所示。

图 3-35　诊断流程

综合训练

1. 按要求测量传感器的电压及电阻。
2. 按要求排除点火系统中常见的故障。

综合训练

刘先生去上海出差一周，回来第二天准备开车（13 款科鲁兹）去上班，开车时发现车辆在起动时，起动机能带动发动机正常转动，但发动机不能发动，且无着车征兆。请根据所学知识分析其故障发生的原因并制定解决方案，根据方案排除故障（限点火系统）。

 提示

请按照手册上的流程将故障排除。

项目四 4 照明、信号、仪表及报警系统

任务描述

汽车照明与信号系统是汽车安全行驶的必备系统之一。它主要包括外部照明灯具、内部照明灯具、外部信号灯具、内部信号灯具、警报器、电喇叭和蜂鸣器等。本项目主要介绍汽车照明系统、报警系统的构造及电路等知识。

知识准备

一、概述

汽车照明的发展史大体上经过了四个阶段：汽车灯具的演变随着汽车光源的更迭而发生。

第一代汽车照明系统是由燃料（蜡烛、煤油或乙炔）直接燃烧发光，存在发光效率很低、光强弱、性能不稳定和操作复杂等明显缺点，但能满足早期车灯的要求。

第二代汽车照明系统是白炽灯。1879年爱迪生发明白炽灯后，汽车灯具发生了革命性的变化：1913年美国首先将白炽灯技术应用在凯迪拉克汽车前照灯上，从此汽车照明进入了电气时代。接着，先后出现汽车反光镜、起动机、发电机和蓄电池等新技术，1925年开始汽车真正进入白炽灯时代。20世纪50年代又出现卤钨灯，很快成为汽车强光源的主要灯泡，替代白炽灯成为新型的汽车前照灯的光源。

第三代汽车照明系统是气体放电灯（HID），具有高发光效率、高亮度和高可靠性等优点。

第四代汽车照明系统是半导体发光二极管（LED）灯。当一个正向偏压施加于PN结两端时，载流子由低能态跃迁到高能态，当处于高能态的不稳定载流子回到低能态复合时，根据能量守恒原理，多余的能量将以光子形式释放，就是LED电致发光原理。

二、照明、信号系统

为了保证汽车夜间行驶的安全，以及提高其行驶速度，在汽车上装有多种照明设备和灯光信号装置，俗称灯系。汽车灯系按其安装位置和用途可分为外部照明装置、内部照明装置和汽车灯

光信号装置,由照明设备、电源、线路、继电器和控制开关等组成。其中主要的照明设备如图 4-1 所示。

图 4-1　汽车的灯光分布图

1. 汽车照明系统

（1）前照灯

前照灯又称大灯或头灯,安装在汽车头部的两侧,是用来照亮汽车前方道路的主要灯具。每辆车上装 2 只或 4 只,功率为 40～60W。

（2）小灯

小灯又称示廓灯、停车灯或示位灯,后面两个小灯也叫尾灯。它装在汽车前后两侧边缘的四角上,主要用于在汽车夜间行车或停车时,标示其轮廓和存在。前小灯的灯光为白色或橙色,后小灯的灯光为红色,功率一般为 10W。

38 汽车信号系统的组成

（3）雾灯

雾灯每车装 1 只或 2 只,雨、雾天气用来照明,安装位置较低,一般离地面 50cm。雾灯灯光一律规定为黄色,因为黄色光线波长较大,有良好的透雾性能。灯泡功率为 35W。

（4）转向灯

转向灯又称方向指示灯。安装在汽车的前后左右四角,转向信号灯的作用是在汽车转弯时,发出明暗交替的闪光信号,使前后车辆、行人等知其行驶方向,转向灯的灯光为橙色,灯泡的功率一般不小于 20W。

（5）喇叭

汽车在行驶时,按下喇叭按钮,喇叭就会发出声响,起到警告行人和车辆的作用。

（6）制动灯

制动灯又称制动信号灯,俗称"刹车灯",均装在汽车后面。制动灯的用途是在汽车制动停车或减速行驶时,向车后发出灯光信号,以警告尾随的车辆或行人。制动灯规定为醒目的红色光,国家标准要求该灯在夜间应明显照亮 100m 以外物体。灯泡功率应在 20W 以上。

（7）倒车灯

汽车倒车灯有两个作用:一是向其他车辆和行人发出倒车警告（有的还加上倒车蜂鸣器）;二是提供夜间倒车时照明,避免撞车。

（8）牌照灯

牌照灯一律装在汽车尾部的牌照上方,其用途是夜间照亮汽车牌照。牌照灯的标准要光束不应外射,保证在 25m 内能认清牌照上的号码。灯光为白色,功率为 5～15W。

（9）仪表灯

仪表灯均装在汽车仪表板上，一般采用表壳式或罩壳式灯具。仪表灯仅用于照亮仪表，灯光有白色和蓝色等多种，一般使用2～8W的小灯泡。

（10）顶灯

顶灯装在车厢或驾驶室内顶部，作为内部照明用。顶灯为白炽灯，功率为5～8W。

（11）指示灯

指示灯的用途是指出有关照灯、灯光信号及工作系统的技术状况，并对异常情况发出报警灯光信号。指示灯均装在仪表板上，灯光为红色、绿色或黄色，灯泡一般为2W的灯或LED灯。现在主要有远光指示灯、转向指示灯、充电指示灯、低气压报警灯、低油压报警灯、水温过高报警灯及燃油存量过少报警灯。

除以上所述外，现代汽车还有各种特种灯、危险警告灯、踏步灯、壁灯、门灯和阅读灯等。

2. 前照灯

（1）前照灯的基本要求

前照灯是用来夜间行车照明前方道路的，因此首先要求前照灯必须具有足够的亮度和照明范围。在夜间行车时，车辆的前照灯可以发出两种光，其中一种光亮度较强，发出的光线射向远方，射程可以达到100m以上，现代汽车照明将达到200～250m的范围，这就是前照灯的远光，是主要的照明光线；而另外一种光亮度稍弱，发出的光线主要射向车辆前方的地面，射程大概在50m左右，这就是前照灯的近光灯。远光灯的功率一般为40～60W，近光灯的功率一般为20～55W。

前照灯必须有防止炫目的装置，以免夜间行车时，使相对行驶车辆的驾驶员炫目而造成交通事故。

（2）前照灯的结构和类型

前照灯主要由反射镜、配光镜和灯泡组成，如图4-2所示。

① 反射镜。反射镜材料一般有薄钢板、玻璃及塑料等，其表面形状为旋转抛物面，其作用是把灯丝发出的大部分光线聚合变成平行光束射向前方，使得灯丝的发光强度增强数百倍，从而照亮车辆前方100m甚至更远的路面。

39 前照灯防止炫目的措施与类型

40 前照灯的结构与组成

图4-2　前照灯

② 配光镜。我们看到的灯泡外面的透明玻璃叫配光镜，它其实是由透明玻璃压制成的棱镜和透镜组合体，也叫散光玻璃，它的作用是将反射镜反射出的平行光束进行折射，使车辆前方附近的路面和路缘都有良好的照明，使照明更加均匀。

（3）前照灯灯泡类型

前照灯有四灯制和两灯制之分，这是由灯泡中的灯丝数量决定的。四灯制是指车辆的前照灯使用单灯丝，从外表上看就要有 4 个前照灯的位置，两灯制是指车辆的前照灯使用双丝灯，从外表上看就只有 2 个前照灯的位置，目前多数车辆采用两灯制。前照灯灯泡类型如图 4-3 所示。

（a）单丝灯泡   （b）双丝灯泡

1、6—灯丝；2、4、7、10—插口销钉；3、8、9—电触点；5、11—玻璃泡

图 4-3 灯泡

① 白炽灯。白炽灯的灯丝是一根紧密盘卷的螺旋状细钨丝。当电流通过钨丝时，它会发热并发出白热光。在高温作用下，钨丝中的钨原子处在升华后的钨原子沉积在相对较冷的灯泡玻璃上，时间长了就会有一层阴影，遮住光线的照射，灯的亮度因此减弱，这就是所谓的黑化。灯泡使用的时间越长，蒸发的钨原子也会越来越多，钨丝也会越烧越细，最终被烧断。白炽灯在制造时，要先抽出空气，然后充入氩气和氮气的混合惰性气体。在充气灯泡内，由于惰性气体受热膨胀后会产生较大的压力，这样可以减少钨的蒸发，所以能提高灯丝的温度，增强发光效率，从而延长灯泡的使用寿命。

② 卤素灯。卤素灯解决了普通白炽车灯存在的问题。卤素灯就是在灯泡内的惰性气体中掺入少量卤族元素。卤族元素是化学上原子结构类似的一种元素，简称卤素，包括碘、溴、氟和氯等元素。卤素前照灯比传统的白炽前照灯寿命更长，而且发光强度也会比一般灯泡增加 25%。现在的卤素灯玻璃是用石英制成的，又称石英卤素灯，如图 4-4 所示，可以承受很高的温度。目前绝大部分汽车都采用了卤素前照灯。

③ 氙气前照灯。氙气前照灯的全称是 HID 气体放电灯，它所发出的灯光与自然光非常相像。氙气前照灯由弧光灯组件、电子控制器和升压器三部分组成，其结构如图 4-5 所示。

HID 是高压气体放电灯，它的发光原理是将 12V 电压升压至 23 000V 的高电压，通过石英管（灯泡内没有钨丝，只充入氙气的石英管），使气体碰撞产生犹如白昼般强烈的电弧光，接着再将电压转成 8 000V，持续稳定供应氙气灯泡发光。氙气前照灯的灯管是一支装有两个电极的小石英管，这其中就充满了氙气及少许稀有金属（或金属卤化物）。当在两个电极之间加有足够的引弧电

压时，气体开始电离而导电，气体原子即处于激发状态，使电子发生能级跃迁而开始发光。电极间蒸发少量水银蒸气，光源立即引起水银弧光放电，待温度上升后再转入卤化物弧光灯发出高达4 000K以上色温的光芒。另外氙气分子的活动能力会随着使用时间的加长而越趋活泼，因此氙气前照灯会越用越亮。

（a）白炽灯泡　　　　　　（b）石英卤素灯泡

1、8—配光屏；2、9—近光灯丝；3、10—远光灯丝；4、11—灯壁；

5、12—定焦盘；6、13—灯头；7、14—插片

图4-4　白炽灯泡和卤素灯灯泡

（a）外形　　　　　　　　　（b）原理示意图

图4-5　氙气前照灯

（4）前照灯电路

前照灯电路由车灯开关、变光开关、继电器、前照灯灯泡及连接电线组成。

① 车灯开关。现在车灯开关采用的是组合开关（见图 4-6）。这种组合开关兼有灯光开关、转向开关和变光开关的作用。顺时针方向转动开关的尾端，就可以依次接通小灯和前照灯。组合开关控制杆有上、中、下三个位置，中、下位置是不变的：中间位置是近光灯，将开关向下压，就可以由近光变换为远光；将开关从下向上扳到中间位置，就可以由远光变换为近光。从中间位置向上扳起可以打开远光灯，但一松手就会自动弹回中间位置，这种短时间的远光闪烁可以作为夜间超车的信号。纵向前后扳动开关可以接通左、右转向灯。

② 继电器。汽车电路中应用很多，它是一种根据电压信号接通或切断电路的电气元件。继电器按照工作原理可分为电磁继电器和晶体管继电器，其中电磁继电器应用较多。下面介绍电磁继电器。

40 继电器的功能检测

图 4-6　车灯开关

图 4-7 所示为四极常开式电磁继电器，SW 和 E 之间是一个线圈，B 和 L 之间是一个断开的触点。当有电流通过 SW 和 E 之间的线圈时，线圈产生磁场，产生的电磁吸力吸引 B 和 L 之间的触点闭合，也就使 B 和 L 所在的电路导通。

图 4-7　四极常开式电磁继电器

继电器的主要作用就是用小电流控制大电流。继电器线圈一般都会有 70～100Ω 的电阻，所以当线圈通电时，会有较小的电流通过线圈，由线圈产生的磁场力吸引触点闭合，而触点之间电阻很小，所以会有较大的电流通过。这就是简单继电器工作的基本原理。

在汽车上如果没有前照灯继电器就会带来以下不便。

- 线路会增长，从而增大电压降。
- 由于电流较大，需要更粗的配线。
- 电流增大会在开关处产生电火花，从而缩短开关寿命，增加驾驶危险性。

③ 前照灯工作原理。以 CA1020 大灯电路为例进行说明，电路如图 4-8 所示。

近光灯：将开关从"OFF"位置打到大灯位置，电流先从蓄电池→继电器线圈→组合开关→搭铁形成回路，使继电器线圈得电吸合常开触点，使蓄电池→继电器的触点→变光继电器常闭触点→保险丝→近光灯→搭铁形成回路，近光灯工作。

远光灯：在原近光灯位置将组合开关向下压，电流从蓄电池→继电器线圈→组合开关→搭铁流过，继电器常开触点吸合，使电流从继电器的触点→变光继电器线圈→组合开关→搭铁形成回路，改变变光继电器触电状态，使电流通过闭合的常开触点→保险丝→远光灯→搭铁形成回路，远光灯工作。

41 前照灯、近光灯、远光灯工作原理

C1020大灯电路图

图 4-8　前照灯工作原理

3. 小灯与雾灯

小灯也叫示宽灯，也可以被看作是信号系统的一部分，小灯电路一般并联着牌照灯、仪表灯和开关照明灯。图 4-9 所示的是 CA1020 小灯电路。

将开关从"OFF"位置打到"ON"位置，电流从蓄电池→继电器线圈→组合开关→搭铁流过继电器常开触点吸合，使电流从蓄电池→继电器的触点→保险丝→小灯、仪表灯、牌照灯→搭铁形成回路，小灯、仪表灯、牌照灯点亮工作。

雾灯都是跟小灯串联在一起的，图 4-10 所示的是 CA1020 雾灯电路。雾灯采用穿透力较强的黄色光，主要用在有雾、雨雪、尘埃等恶劣情况下的行车照明。按照国家标准的规定，车辆至少应该具有 2 个前雾灯和 1 个后雾灯。

图 4-9　CA1020 小灯电路　　　　　图 4-10　CA1020 雾灯电路

在开着小灯的基础上将雾灯开关打到"ON"位置，电流流过蓄电池→小灯继电器的触点→保险丝→雾灯开关→前、后雾灯及指示灯→搭铁形成回路，前、后雾灯及指示灯工作。

4. 转向灯和危险警告灯系统

转向和危险警告灯系统的主要部件有开关、转向灯、转向指示灯和闪光继电器，其中闪光继电器是最主要的部件。

42 汽车雾灯和转向灯的工作原理

（1）开关

转向开关和危险警告开关的外形如图 4-11 所示。向前后拨动组合开关，就可以接通转向灯电路。按下转向盘或控制面板上带有红色"△"符号的按钮（即危险警告灯按钮），则左、右转向灯同时闪烁。

转向信号灯开关　　　　危险警告灯开关

图 4-11　转向灯及危险警告灯开关

（2）闪光继电器

当转向系统或警告系统工作时，电流流经转向开关/危险警告开关→闪光继电器→转向开关/危险警告开关→左、右转向灯/左、右转向指示灯→接地。其中闪光继电器的作用是使转向和指示灯按照预定的时间间隔闪烁。一般转向灯的闪烁频率为每分钟 65～120 次，以每分钟 70～90 次为最佳。常用的汽车闪光继电器有很多种，其中电容式和电子式应用较多。

电子式闪光继电器主要由晶体管、电阻和电容等构成一个非稳态电路，利用晶体管的开关特性交替接通和切断转向灯电路，使转向灯发出明暗交替的闪烁光。电子式闪光继电器可以分为触点式（带继电器）和无触点式（不带继电器）两种，其中触点式闪光继电器应用较多，它主要由一个晶体管开关电路和一个继电器组成，如图 4-12 所示。

图 4-12　继电器及电路图

触点式电子闪光断电器的工作原理如下。

当汽车右转弯时，电流由蓄电池正极→电源开关SW→接线极柱B→电阻R_1→继电器K的动断触点→接线极柱S→转向灯开关→转向灯→搭铁→蓄电池负极构成回路。当电流流经R_1时，在R_1上产生电压降，使晶体管因偏置电压而导通，集电极电流流经继电器K的线圈，其上产生的吸力使触点断开，右转向灯熄灭。

晶体管导通的同时，其基极电流向电容器充电，其充电电流流经蓄电池正极→电源开关SW→接线极柱B→发射极、基极→电容器C→电阻R_3→接线极柱S→转向灯开关→右转向灯→搭铁→蓄电池负极形成回路。在充电的过程中，随着电容器电压的升高，充电电流逐渐减小，晶体管的基极、集电极电流随之减小。到此电流不足以维持衔铁的吸合而释放时，继电器K的动断触点又重新闭合，转向灯又重新发亮。这时电容器C通过电阻R_2、继电器的动断触点K和电阻R_3放电，放电电流在R_2上产生的电压降向晶体管提供反向偏压，加速其截止。当放电电流接近0时，R_1上的电压降又为晶体管提供正向偏压使之导通。这样电容C不断地导通和放电，晶体管就不断地导通和截止，控制继电器的触点反复闭合、断开，使转向灯闪烁。

43 转向灯工作原理图

（3）转向灯、危险警告灯的工作过程

以五菱小旋风汽车带闪光继电器的转向灯电路为例，如图4-13所示。

图4-13　五菱小旋风汽车带闪光继电器的转向灯电路

① 转向灯的工作过程。当汽车左转弯时，电流由蓄电池正极→点火开关→保险丝F_6→报警开关（OFF）→闪光继电器→左转向灯开关→左转向灯→搭铁→蓄电池负极构成回路，左转向灯闪光工作。

② 危险警告灯的工作过程。电流由蓄电池正极→保险丝F_8→报警开关（ON）→闪光继电器

→报警开关（ON）→转向灯→搭铁→蓄电池负极构成回路，转向灯闪光工作。

5. 声音信号

声音信号就是汽车在行驶时，按下喇叭按钮，喇叭就会发出声响，起到警告行人和车辆的作用。喇叭的结构如图4-14所示。

图 4-14 喇叭的结构

当按下喇叭按钮时，进入喇叭的电流由蓄电池"＋"→线圈→触点→喇叭按钮→搭铁构成回路。线圈通电后产生电磁吸力，吸动上铁芯及衔铁下移，使膜片向下拱曲，衔铁下移过程中将触点顶开，线圈电路被切断，其电磁力消失，上铁芯、衔铁在膜片弹力的作用下复位，触点又闭合。如此反复一通一断，便膜片及共鸣板连续振动辐射发声。

6. 制动灯

制动灯的作用是警告后方车辆和行人注意前方车辆要停车或减速。制动灯开关一般和制动踏板相连，当踩下制动踏板时，开关触点闭合，接通制动灯电路。一般来讲，制动灯应该和驾驶员的眼睛在同一高度。为了起到更好地提示作用，小型车的后面都配有高位制动灯。制动灯电路如图4-15所示。

当车辆需要刹车时，驾驶员踩下制动踏板，使汽车减速至停车。在这个过程中，电流流经蓄电池正极→熔断丝→制动开关→制动灯→搭铁→蓄电池负极构成回路。制动灯不受点火开关的控制，只受制动开关的控制，而制动开关一般与制动踏板相连，不设单独的开关。

7. 倒车灯

汽车倒车灯的作用是向其他车辆和行人发出倒车警告，同时在倒车时起到照明作用。倒车灯亮，示意汽车正在倒车。倒车灯的开关和倒挡相连：当汽车挂倒挡时，倒车灯的开关触点闭合，接通倒车灯电路。倒车灯电路如图4-16所示。

图 4-15 制动灯电路 　　　　　　　　　　　图 4-16 倒车灯电路

当挂上倒挡时，电流流经蓄电池正极→点火开关→熔断器→倒车开关→倒车灯→搭铁，构成回路。倒车灯受点火开关控制，只有点火开关处于"ON"位置时才能接通倒车灯电路。

三、仪表与报警电路

1. 仪表系统的组成

驾驶员座位前方的仪表板上装有各种仪表，这些仪表的作用是为了便于驾驶员掌握车辆和发动机的各种状况。汽车驾驶室操纵件、指示器及信号装置的图形标志如下。

（1）车门状态指示灯

其是显示车门是否完全关闭的指示灯。车门打开或未能关闭时，相应的指示灯亮起，提示车主车门未关好，车门关闭后熄灭。指示灯标志如图4-17所示。

（2）驻车指示灯

驻车制动手柄（即手刹）拉起时，此灯点亮。手刹被放下时，该指示灯自动熄灭。在有的车型上，制动液不足时此灯会亮。指示灯标志如图4-18所示。

图4-17 车门状态指示灯

图4-18 驻车指示灯

44 常见汽车仪表
指示含义

（3）电极指示灯

其是显示蓄电池工作状态的指示灯。接通点火开关后亮起，发动机起动后熄灭。如果不亮或长亮应立即检查发电机及电路。指示灯标志如图4-19所示。

（4）刹车盘指示灯

其是显示制动盘片磨损情况的指示灯。正常情况下此灯熄灭，点亮时提示车主应及时更换排除故障或制动盘磨损过度，修复后熄灭。如图4-20所示。

图4-19 电极指示灯

图4-20 刹车盘指示灯

（5）机油指示灯

其是显示发动机机油压力的指示灯。本灯亮起时表示润滑系统失去压力，可能有渗漏，此时需立即停车关闭发动机进行检查。指示灯标志如图4-21所示。

（6）水温指示灯

其是显示发动机冷却液温度过高的指示灯。此灯点亮报警时，应即时停车并关闭发动机，待冷却至正常温度后再继续行驶。指示灯标志如图4-22所示。

（7）安全气囊指示灯

其是显示安全气囊工作状态的指示灯。接通点火开关后点亮，3～4s后熄灭，表示系统正常；

不亮或长亮表示系统存在故障。指示灯标志如图 4-23 所示。

图 4-21　机油指示灯

图 4-22　水温指示灯

（8）ABS 指示灯

该指示灯接通点火开关后点亮，3~4s 后熄灭，表示系统正常；不亮或长亮则表示系统故障，此时可以继续低速行驶，但应避免紧急制动。指示灯标志如图 4-24 所示。

图 4-23　安全气囊指示灯

图 4-24　ABS 指示灯

（9）发动机自检灯（故障灯）

其是发动机工作状态的指示灯。接通点火开关后亮起，3~4s 后熄灭，发动机正常；不亮或长亮表示发动机故障，需及时进行检修。指示灯标志如图 4-25 所示。

（10）燃油指示灯

其是提示燃油不足的指示灯。该灯亮起时，表示燃油即将耗尽。一般从该灯亮起到燃油耗尽之前，车辆还能行驶约 50km。指示灯标志如图 4-26 所示。

图 4-25　发动机自检灯（故障灯）

图 4-26　燃油指示灯

（11）清洗液指示灯

其是显示风挡清洗液存量的指示灯。如果清洗液即将耗尽，该灯亮起，提示车主及时添加清洗液。添加清洁液后，指示灯熄灭。指示灯标志如图 4-27 所示。

（12）电子油门指示灯

该指示灯多见于大众公司的车型中。车辆开始自检时，EPC 灯会亮数秒，随后熄灭。出现故障时，该灯亮起，应及时进行检修。指示灯标志如图 4-28 所示。

（13）前后雾灯指示灯

该指示灯被用来显示前后雾灯的工作状况。前后雾灯接通时，两灯亮起。图 4-29 中左侧的是前雾灯显示，右侧为后雾灯显示。

图 4-27　清洗液指示灯

图 4-28　电子油门指示灯

（14）转向指示灯

转向灯亮时，相应的转向指示灯按一定频率闪烁。按下双闪警示灯按键时，两灯同时亮起；转向灯熄灭后，指示灯自动熄灭。指示灯标志如图 4-30 所示。

图 4-29　前后雾灯指示灯

图 4-30　转向指示灯

（15）远光指示灯

其是显示大灯是否处于远光状态，通常的情况下该指示灯为熄灭状态；在远光灯接通和使用远光灯瞬间点亮功能时亮起。指示灯标志如图 4-31 所示。

（16）安全带指示灯

其是显示安全带状态的指示灯。按照车型不同，灯会亮起数秒进行提示，或者直到系好安全带才熄灭，有的车型还会有声音提示。指示灯标志如图 4-32 所示。

图 4-31　远光指示灯

图 4-32　安全带指示灯

（17）O/D 挡指示灯

O/D 挡指示灯被用来显示自动挡的 O/D 挡（Over-Drive）超速挡的工作状态。当 O/D 挡指示灯闪亮时，说明 O/D 挡已锁止。指示灯标志如图 4-33 所示。

（18）内循环指示灯

该指示灯被用来显示车辆空调系统的工作状态，平时为熄灭状态。当打开内循环按钮、车辆关闭外循环时，该指示灯自动亮起。指示灯标志如图 4-34 所示。

（19）示宽指示灯（危险警告灯）

示宽指示灯被用来显示车辆示宽灯的工作状态，平时为熄灭状态。当示宽灯打开时，该指示灯随即亮起，说明该车有故障或者需要缓慢行驶。在大雨或大雾中行驶时一般需要打开此灯。指示灯标志如图 4-35 所示。

图 4-33 O/D 挡指示灯

图 4-34 内循环指示灯

（20）VSC 指示灯

该指示灯被用来显示车辆 VSC（电子车身稳定系统）的工作状态，多出现在日系车上。当该指示灯亮起时，说明 VSC 系统已被关闭。指示灯标志如图 4-36 所示。

图 4-35 示宽指示灯（危险警告灯）

图 4-36 VSC 指示灯

（21）TCS 指示灯

该指示灯被用来显示车辆 TCS（牵引力控制系统）的工作状态，多出现在欧系车上。当该指示灯亮起时，说明 TCS 系统已被关闭。指示灯标志如图 4-37 所示。

（22）仪表板

仪表板上装有各种计量、测量仪表显示屏和警告灯、指示灯、照明灯等，如图 4-38 所示。过去的车辆多采用指针式仪表来显示车辆状况，现在的车辆上越来越多地使用数字式电子仪表。仪表板上主要的仪表有以下几种。

图 4-38 仪表板

图 4-37 TCS 指示灯

① 燃油表（图 4-38 左一）：用来显示油箱中的燃油液面高度。

② 水温表（图 4-38 右一）：用来显示发动机冷却液的温度。

③ 车速表（图 4-38 左二）：包括显示车速的时速表、显示车辆行驶总里程的里程表及可以根据需要复位归零的短行程里程表。

④ 转速表（图 4-38 右二）：显示发动机每分钟的转数，单位为 r/min。

2. 双金属元件盒稳压器

在介绍常用仪表前，先介绍双金属元件（见图 4-39）和稳压器（见图 4-40）。

45 汽车仪表的作用及分类

这两种元件在仪表中使用非常多。

图 4-39　双金属元件

图 4-40　稳压器

　　双金属元件是由两种热膨胀系数不同的金属组成的，外面缠绕有发热线圈。当发热线圈中有电流流过时，线圈产生的热量使双金属臂向热膨胀系数较小的一端弯曲；当断开电源以后，双金属臂得以冷却，从而伸直。这就是双金属元件的工作原理。

　　电源的电压波动会对双金属型仪表产生影响，电压的波动使得电流强度随之增减，在显示器上就表现为显示值有误差。为了避免这种误差，仪表内装有稳压器。

　　稳压器由一个动断触点和一个双金属元件构成。当电压加至稳压器时，电流流过双金属元件，电流使线圈发热，双金属臂因受热而弯曲。当双金属臂弯曲时，触点断开，流过发热线圈的电流被切断，双金属臂得以冷却而伸直，触点重新闭合。上述过程循环进行，触点的打开、关闭没有固定的时间，而是随着输入电压的变化而变化。

　　3. 电流表

　　电流表被用来指示蓄电池的充电和放电电流值。常用的有电磁式、动磁式和磁片线圈式等。

　　以动磁式电流表为例，如图 4-41 所示。黄铜导电板固定在绝缘底板上，两端与电源正、负极接线极柱相连，中间夹有磁轭，与导电板固定在一起的针轴上装有指针和永久磁铁转子（简称磁钢指针）。

图 4-41 动磁式电流表

在没有电流通过时，磁钢指针通过磁轭构成磁回路，使指针保持在中间 "0" 位置。当电流流过两个接线极柱和导电板时，在导电板的周围就产生了磁场，使浮装在导电板中心的磁钢指针向负方向，指示放电电流的大小。电流越大，指针偏转角度也就越大，读数也越大。如果是充电电流通过导电板，那么指针偏转方向也会相反，指示放充电电流的大小。

注意

电流表的接线极柱是有极性的，接线时不可接错。负极接线极柱接蓄电池正极，正极接线极柱接发电机的输出接线极柱。

4. 燃油表

燃油表的显示器中装有一个双金属元件，传感器中则装有一个浮子式可变滑线电阻器，如图 4-42 所示。当点火开关打开至 "ON" 的位置时，电流通过显示器内的稳压器和电热丝，然后经传感器中的滑线电阻接地。当电流通过显示器中的电热丝时，电热丝发热，使双金属元件弯曲，其弯曲程度和电流强度成正比。

电流强度的大小是由浮子式滑线电阻器决定的。如图 4-42 所示，浮子式滑线电阻器包括一个可随燃油液面高度而上下浮动的浮子、一个内置滑线电阻传感器及一条浮子臂。电阻器滑线的接触位置随着浮子的升降而改变，从而改变电阻值。

当燃油液位较高的时候，电阻器的阻值较低，所以电流强度较大，这时电热丝发出较高的热量，使双金属元件弯曲，指针朝 "FULL" 字样一侧移动。

1—滑线电阻器；2—热敏电阻；3—浮子；4—浮子臂

图 4-42 浮子式可变滑线电阻器

当燃油液位较低的时候，电阻器的阻值较大，所以电流强度较小，这时电热丝发出较低的热量，使双金属元件变形较小，指针只偏移较小的角度。

5. 机油压力表

机油压力表可以显示发动机内的机油压力，使驾驶员了解润滑系统的故障。机油压力表也是一种双金属型仪表，其结构如图 4-43 所示。

图 4-43　机油压力表及传感器

传感器中双金属元件上有一些触点，这些触点可以根据流经显示器电热丝的电流强度而推动仪表指针。当机油压力为 0 时，这些触点断开，闭合点火开关，也没有电流经过触点，指针不动。在机油压力低时，膜片推动触点产生轻微的接触，电流流经传感器和显示器中的电热丝，由于触点接触压力低，极弱的电流便可以使双金属丝元件弯曲而断开触点，所以显示器中双金属元件的温度不会上升，只有轻微的弯曲，指针偏转量很小。

6. 机油压力报警灯电路

机油压力报警灯电路如图 4-44 所示。一般来讲，机油压力报警灯采用常闭式开关，传感器内的膜片承受机油压力，活动触点受膜片的移动控制。当点火开关处于"ON"的位置还没有起动发动机时，机油压力报警灯亮起，因为膜片未受到压力而触点保持闭合，线路接通至接地。当起动发动机后，发动机油压建立，膜片将触点断开，电路被切断，报警灯熄灭。

7. 水温表

水温表用于显示发动机冷却水套中的冷却液温度。水温表有两类，即双金属电阻型和交叉线圈型。

水温表双金属电阻型水温表的显示器中也使用了双金属元件，而传感器部分则采用了热敏电阻，如图 4-45 所示。双金属型水温表的工作原理与双金属型燃油表相同。

图 4-44　机油压力报警灯电路

图 4-45　水温传感器

热度电阻是一种类似晶体管和二极管的半导体，由半导体材料混合烧制成，组成材料主要有锰、钴、镍、铁、铜和钛等金属的氧化物。其特点是电阻值会随着温度变化而发生很大的变化。当温度升高时，普通电阻的电阻值增大，而热敏电阻的电阻值则减小。普通导体的电阻值在温度上升几百摄氏度时只比常温下增加一倍，但热敏电阻不同，极小的温度上升都会使其电阻迅速下降。

冷却液温度低的时候，传感器中热敏电阻的电阻值很大，几乎无电流通过，电热丝只能产生极少的热量，指针只能微微移动一点。冷却液温度上升时，热敏电阻的阻值迅速下降，电流变大，电热丝的发热量随之上升，双金属元件的弯曲程度随热量的上升而增大，指针摆动幅度较大，提示冷却液温度上升。汽车上大多数采用负系数温度传感器。

8. 发动机冷却液温度报警灯

冷却液温度报警灯一般采用常开式开关。温度传感器（见图4-46）由一个固定触点和一个由双金属丝带动的活动触点共同组成一对触点。双金属丝随着冷却液温度的升高而弯曲，活动触点慢慢向固定触点靠拢。当温度较高时，双金属丝的变形较大，触点闭合，电路接通搭铁回路，报警灯就点亮了。

1—水温传感器套筒；2—双金属片；3—螺纹接头；4—活动触点；5—冷却液温度报警灯

图4-46　发动机冷却液温度报警灯传感器

这种报警系统采用常开式开关，当点火开关在"ON"的位置时，灯是不亮的。一般为了确定灯泡良好，可以在电路中增设探测电路。

点火开关在"START"的位置时，探测电路通过点火开关接通报警灯至搭铁的回路。这样，在发动机起动时报警灯点亮，提示报警灯灯泡在正常工作。

9. 车速和里程表

车速和里程表是用来指示汽车行驶速度和累计行驶里程数的，可分为磁感应式和电子式两种。

图4-47　机械传动磁铁式车速里程表

46 认识汽车仪表
与报警装置

（1）车速表

磁感应式车速表使用软轴和变速器的输出轴（或分动器的输出轴）相连，变速器的输出轴带动车速表的软轴在其护罩内旋转（如图 4-47 所示），软轴带动车速里程表表芯旋转，表芯内是相连的软轴和永久磁铁。永久磁铁外面套有一个铝杯，车速表的指针就固定在铝杯上。车速表的指针和软轴之间没有任何机械连接。

在旋转过程中，永久磁铁在铝杯周围产生旋转磁场，使铝杯产生涡流电流。这些涡流电流产生的磁场与旋转磁场相互作用形成合磁场，合磁场力牵引铝杯和指针相对磁场转动。游丝的反力矩使铝杯只能转一定的角度，指针随着铝杯转动而在车速表盘上转动。

（2）里程表

里程表由车速表蜗杆驱动。里程表一般有 6 个数字轮，每个数字轮编有数字 0～9。这些数字轮啮合在一起，右边的数字轮转满一圈就会使左边的数字轮转动一个数字位置，依次向左。目前多数里程表装有两个计数器：一个可以归零，称为行程里程表，可以用来计量单次行驶里程；另外一个为总里程表。

10. 发动机转速表

发动机转速表的作用是方便驾驶员掌握发动机工作状况，以便正确地选择换挡时机。一般汽油机转速表接收来自点火系统的脉冲信号，火花塞每跳火一次便发出一个脉冲电压。火花塞发火频率与发动机转速成正比，转速表内的电路将点火脉冲信号变换成变化的电压，加至作为发动机转速表使用的电压表。

11. 报警灯

仪表中的报警灯越来越多。各个电气系统都有监控灯，在每次车辆起动时这些报警灯都会完成一次自诊断过程。它们其实是用发光二极管（LED）制成的，耗电量都很小。

发光二极管通常设计成红色、绿色或黄色的光，它们只能在非常暗的条件下工作，在强光下难以看清。发光二极管上有一个小透镜（见图 4-48），当 LED 正向偏置时，空穴和电子复合，产生的能置以光的形式释放出来。不同材料制造的 LED 发出不同颜色的光。发光二极管的工作情况与普通二极管相同，不同之处就在于给它加偏置电压时发光。

机油压力报警灯和发动机冷却液温度报警灯的原理我们已经在前面讲过了，下面讲述制动液面警告灯和充电指示灯。

（1）制动液面警告灯

制动液面警告灯的开关如图 4-49 所示，其原理是利用两个永久磁铁的平衡保持开关的位置。当开关两侧液面高度相同时，舌簧开关处于断开状态；当制动系统任何一侧压力降落，该侧的永久磁铁即失去原来的方向，磁场方向的改变使舌簧开关闭合，电路接通，制动灯点亮。

图 4-48 发光二极管

（2）充电指示灯

充电指示灯用来代替电流表。多数车辆在蓄电池放电时，充电指示灯亮起；当发电机开始发电后即熄灭。少数车辆反之。

12. 电子仪表

电子显示组合仪表的用途和功能与指针式仪表基本相同，都是利用各种传感器采集的信号并把这些信号转换为各类仪表中的显示数据，使驾驶员可以确定车辆的行驶速度、发动机转速、发动机冷却液温度、燃油量及车辆的其他情况。不同之处在于电子显示组合仪表中的结构和各种集成电路能够对上述信号数据进行处理，并将这些数据用数字或条形图的方式显示出来。

1—外壳；2—接线极柱；3—舌簧开关；4—永久磁铁；5—浮子；6—液面

图 4-49　制动液面警告灯开关

（1）电子显示组合仪表的特点

① 易于辨认。现代汽车的电子化程度越来越高，其中包含着大量的电子信息，电子显示组合仪表将这些电子信息以数字或条形图的方式表现出来，将车辆情况及时提供给驾驶员，方便驾驶员及时处理各种情况。

② 精确度高。传统的指针式仪表显示的是收到的传感器平均读数，而电子显示仪表显示的是即时读数，而且信息刷新得很快，甚至有些系统的仪表信息每秒钟就刷新 16 次。

③ 可靠性高。由于电子显示组合仪表中没有任何可动部件，所以其可靠性得到了较大的提高。

④ 使每个测量仪表和计量仪表都具有最佳的显示形式。电子显示组合仪表使用了数字、图形、指示灯及语音提示等多种表示方法，使驾驶员可以对车辆的状况一目了然，并做出及时的调整。

（2）各种仪表的组成和工作原理

电子显示组合仪表包括：数字式仪表微机、速度传感器、燃油位标尺转换开关、短程控制开关等开关信号及真空荧光屏（VFD）、发光二极管（LED）或液晶显示器（LCD）等显示元件。

① 车速表。车速表传感器为光电式，车速信号被转换成脉冲信号输入微机，微机根据输入的脉冲信号来计算车速，并控制荧光显示器显示微机输出的车速。例如光电式车速表传感器（见图 4-50）由常规的车速表软轴驱动，软轴带动开有方孔的轮子在发光二极管和光电晶体管之间旋转。由于轮子反复遮断发光二极管出的光束，光电晶体管便发出一连串的脉冲信号送至车速表。集成电路将光电式传感器的模拟输入信号整形并计数成每秒脉冲数。每秒脉冲数换算成 m/h（英里/小时）或直接换算成 km/h（千米/小时），以数字的形式显示在显示屏上。

1—车速表软轴；2—接里程表；3、5—光电式传感器；4—从光电式传感器接至仪表的插头；

6—车速表软轴连接器；7—带方孔的轮子

图 4-50　光电式车速表传感器

② 转速表。转速表传感器信号是发动机点火线圈输出的脉冲信号，微机接收后计算出发动机

转速，然后控制荧光显示器发光，将发动机的转速以图形的形式显示出来。

③ 水温表。水温表传感器电阻随发动机水温变化而变化，使得输出电压信号也发生变化。微机检测到电压变化后，便将其与参考电压相比较，然后在荧光显示器上显示出来。

④ 燃油表。燃油表传感器浮子位置随油面的升降而浮动变化，使得输出电压信号发生变化。微机将检测到的电压信号与参考电压相比较，然后在荧光显示器上显示出油位。如果按下燃油标尺转换开关，能够使燃油油位标尺显示扩大，松开开关，这种扩大的标尺显示仍可维持 6s。

⑤ 水温表。水温表的输入信号来自负温度系数的热敏电阻。当发动机冷却液温度较低的时候，电阻的电阻值比较大，导致低电压输入给微处理器，此时在仪表上显示较低的温度值。热敏电阻的电阻值随着发动机温度的上升而逐渐减小，输入给微处理器的电压也逐渐变大，在仪表上显示的温度值也随之上升。当冷却液温度达到预定值时，微处理器便发出提示驾驶员注意发动机温度超高的提示。

任务实施

一、继电器的检测

① 用万用表的蜂鸣挡测量继电器的常开触点，如图 4-51 所示。

② 用万用表的蜂鸣挡测量继电器的常闭触点，如图 4-52 所示。

图 4-51　测量继电器的常开触点　　　　图 4-52　测量继电器的常闭触点

二、仪表名称的指定

在车上指出图 4-53 所示 4 个仪表的名称。

图 4-53　仪表盘

拓展训练

一、汽车制动灯工作不正常的故障诊断与排除

1. 故障现象

汽车制动灯工作不正常，踩下刹车制动灯不亮

2. 故障原因

① 熔断器断路。

② 制动灯开关损坏。

③ 灯泡断路。

④ 连接线路断路或插接件松脱。

47 照明与信号系统
的故障诊断方法

3. 故障判断与排除

① 如果一侧制动灯亮而另一侧制动灯不亮，应先检查不亮侧的制动灯灯泡是否断路，灯座处黑/红导线上的电压是否正常。若均良好，再检查搭铁线是否良好，灯泡与灯座接触是否良好。

② 如果两侧的制动灯均不亮，应先检查熔断器是否断路。若良好，再检查制动灯开关处黑/红导线电压是否正常。若电压正常，则拆下制动灯开关处的两导线并连接在一起，此时若制动灯亮，说明制动灯开关损坏，应予以更换；若制动灯仍不亮，则应检查制动灯灯泡是否断路，连接导线是否断路等。

二、汽车灯光闪烁频率不一致的故障诊断与排除

1. 故障现象

汽车危险警告灯闪烁频率不一致。

2. 故障原因

① 转向灯灯泡功率选用不当。

② 某转向灯灯泡损坏。

③ 闪光继电器调整不当。

④ 某侧搭铁线接触不良。

3. 故障判断与排除

① 检查闪光频率较高的一侧灯泡是否损坏，灯泡型号是否符合规定。

② 检查搭铁线接触是否良好，插接件是否牢固。不符合要求的应更换或修整。

技能训练

1. 测量灯光继电器。

2. 说出仪表盘上各符号的意义。

综合训练

国庆期间何先生开着自己的爱车（2015 款卡罗拉轿车）去旅游，在回家的路上，发现远光灯不亮、制动灯也不亮，请根据所学知识分析其故障发生的原因并制定解决方案，根据方案排除故障。（限照明、信号、仪表及报警系统）

 提 示

请按照手册上的流程将故障排除。

项目五 5 辅助电气设备

任务描述

　　汽车上的辅助电气设备用于满足乘员的不同需求。随着科技的不断发展，汽车上的辅助电气设备越来越多，向着舒适、娱乐、保障安全等方面发展。本项目主要介绍电动刮水器、风窗清洗装置、电动车窗、电动后视镜、电动座椅、汽车防盗系统及汽车空调系统的结构和工作原理等知识。

知识准备

一、刮水器

1. 电动刮水器的结构及组成

　　为在各种使用条件下保证挡风玻璃表面干净、清洁，使驾驶员视觉效果良好，在车辆上安装了电动刮水器、风窗清洗装置和除霜装置。

　　电动刮水器主要由电动机、减速机构、自动停位器、刮水器开关、联动机构及刮片等组成，机械传动关系如图 5-1 所示。

　　按磁场结构来分，刮水器电动机有永磁式和激磁式两种。目前较多采用永磁式电动机，这是由于它的磁场为永久磁铁，具有体积小、重量轻、噪声小、结构简单及价格低廉等特点。

48 刮水器的作用、结构及分类

　　如图 5-2 所示，永磁式电动机由电枢、磁极、减速机构和自动停位器组成。减速机构采用蜗轮蜗杆，它和自动停位器一般均与电动机制成一体，使结构紧凑。

　　永磁式电动机的磁场强弱是不能改变的。为了改变工作速度可采用三刷式电动机。

2. 永磁式电动刮水器工作过程

　　永磁式电动刮水器的磁场强度是不可变的，因此它利用三刷式结构改变正负电刷的线圈数，最终实现变速。其结构如图 5-3 所示。

1—电动机；2—蜗轮总成；3—底板；4、6—曲柄机构；5、7—连杆；8、10—摆杆；9、11—摆臂

图 5-1　电动刮水器

49 电动刮水器的组成

1—电枢；2—磁极；3—蜗杆；4—蜗轮；5—自动停位滑片

图 5-2　永磁式电动机

（a）　　　　　　　　　　　（b）

1—电源总开关；2—熔丝；3、5—触点臂；4、6—触点；7、9—铜环；8—蜗轮；10—电枢；11—永久磁铁

图 5-3　永磁式电动刮水器的结构

永磁式电动刮水器的工作原理如图 5-3 所示。在直流电动机减速器蜗轮 8（由尼龙制成）上

嵌有铜环，此铜环分两个部分，其中面积较大的一片铜环 9 与电动机外壳相连接（搭铁）。触点臂 3、5 用磷铜片或其他弹性材料制成，其一端分别铆有触点 4、6。由于触点臂 3、5 具有弹性，因此当蜗轮 8 转动时，触点 4、6 与蜗轮 8 的端面（包括铜环 7、9）保持接触。

当开关接通，把刮水器开关置于 I 挡（低速）时，电流经蓄电池正极→电源总开关 1→熔丝 2→电刷 B3→电枢绕组→电刷 B1→接线柱②→接触片→接线柱③→搭铁→蓄电池负极形成回路，电动机以低速运转。

当刮水器开关置于 II 挡（高速）时，电流经蓄电池正极→电源总开关 1→熔丝 2→电刷 B3→电枢绕组→电刷 B2→接线柱④→接触片→接线柱③→搭铁→蓄电池负极形成回路，电动机以高速运转。

当刮水器开关置于 0 挡（停止）时，如果刮水器的橡皮刷没有停到规定的位置，由于触点 6 与铜环 9 接通，则电流继续流入电枢。此时电流经蓄电池正极→电源总开关 1→熔丝 2→电刷 B3→电枢→电刷 B1→接线柱②→接触片→接线柱 1→触点臂 5→触点 6→铜环 9→搭铁→蓄电池负极形成回路，电动机以低速运转直至蜗轮旋转到图 5-3（a）所示的"特定位置"。触点 4 和触点 6 通过铜环 7"接通"，由于电枢转动时的惯性，电动机不能立即停下来，因而电动机以发电机运行而发电。因为电枢绕组所产生的反电动势的方向与外加电压的方向相反，所以电流经电刷 B3→触点臂 3→触点 4→铜环 7→触点 6→触点臂 5→接线柱①→接触片→接线柱②→电刷 B1 形成回路，产生制动转矩，电动机迅速停止转动，使橡皮刷复位到风窗玻璃的下部。

3．间歇控制

当汽车在细雨或浓雾天气行驶时，因风窗玻璃表面形成的是不连续水滴，如果刮水器的刮片按一定速度连续刮水，风窗玻璃上的水分和灰尘就会形成发粘的表面，这样不仅不能将风窗玻璃刮干净，反而使玻璃模糊不清，影响驾驶员的视线。为避免上述情况，在现代多数轿车刮水器中设置了间歇继电器。工作时将刮水开关拨至间歇工作挡位，刮水器便在间歇继电器的控制下，按每停止 2～12s 刮水一次的规律自动停止和刮拭，使驾驶员获得良好的视野。

以上功能主要通过系统中的间歇控制器来实现，间歇控制器有机械式和电子控制式两种。

二、风窗玻璃洗涤装置

1．作用

风窗玻璃刮水器的作用是将附着在挡风玻璃上的雨水、积雪、尘埃及其他污物刮去。但在清洁泥土和尘埃时，如果挡风玻璃上没有水而干刮就很难刮净，甚至会划伤玻璃。因此，现代轿车及部分载货汽车上都安装有风窗洗涤装置。该装置与刮水器配合使用，使汽车风窗玻璃刮水器系统更加完善。

2．结构及组成

风窗玻璃洗涤装置有手动式、真空式和电动式 3 种，在轿车上大多数采用电动式。其中电动式风窗玻璃洗涤装置的组成如图 5-4 所示。它由储液罐、清洗泵、输液管、喷嘴和清洗开关等组成。

储液罐由塑料制成，其内盛有用水、酒精或洗涤剂等配制的清洗液。有些储液罐上装有液面传感器，以便监视储液罐清洗液的多少。

清洗泵俗称喷水电动机，其作用是将清洗液加压，通过输液管和喷嘴喷洒到挡风玻璃表面。它由一个永磁电动机和液压泵组成。

1—衬垫；2—清洗泵；3—储液罐；4—喷嘴；5—输液管；6—接头

图 5-4　汽车风窗玻璃洗涤装置

三、电动车窗与安全带

1. 作用

电动车窗利用电动机来驱动升降器，使车窗玻璃上下移动，方便驾驶员和乘客，减少疲劳强度。

2. 电动车窗的构造

电动车窗系统由车窗、车窗升降器、电动机及开关等装置组成，如图 5-5 所示。

1、3、5、7—电动车窗电动机；2—点火开关；4、6—电动车窗开关；8—主开关

图 5-5　轿车电动车窗中的各控制开关

电动车窗的驱动装置由永磁双向电动机和蜗轮蜗杆减速器组成。目前大部分轿车的每个车窗都装有一个电动机，通过开关控制它的电流方向，使车窗升或降。

3. 电动车窗控制电路

所有车窗系统都装有两套控制开关：一套装在驾驶侧门中部或变速器换挡杆的后部，为总开关，由驾驶员控制各车窗的升降；另一套分别装在每个车窗中部，为分开关，可由乘客进行操纵。

图 5-6 所示的是轿车电动车窗控制电路。电动车窗电源由点火开关和主继电器控制，接通任

一车门电动车窗控制开关时，电流经熔断器、断路器、主继电器触点、电动车窗控制开关和电动车窗的驱动电动机后回到电动车窗控制开关，通过总开关上相应的车窗控制开关及车窗开关搭铁构成回路，使车窗升降。断开车窗开关后，除驾驶侧车门电动车窗能控制外，其余 3 个车门的电动车窗均被锁止。

图 5-6　电动车窗控制电路

4. 安全带

汽车安全带（见图 5-7）就是在汽车上用于保证乘客及驾驶员在车身受到猛烈打击时的人身安全，防止乘客被安全气囊弹出时伤害的装置。

安全带的装置里面有：卡轮、棘轮、卷收器、安全带插扣、吊带和锁定机构等零部件。

汽车安全带常见的类型有以下几种。

① 两点式安全带。

② 三点式安全带。

③ 五点式安全带。

④ 六点式安全带（赛车用）。

⑤ 零压迫感智能安全带。

图 5-7　安全带实物图

如果快速地拉动安全带，比如说发生车祸的情形下，里面的卡子会由于安全带滚轮的快速转动而被离心力带出，迅速将安全带锁死，把座位上的人员固定在椅子上。待冲击峰值过去，或者人已经能受到安全气囊的保护时安全带就会适当放松以免压伤人的肋骨。通过以上一系列的动作来达到保证驾乘人员安全的目的。

四、电动后视镜

1. 电动后视镜作用

后视镜用来反映车辆后方、侧方和下方的情况，使驾驶员能够看清必要的间接视界，是汽车重要的安全部件。后视镜分外后视镜和内后视镜。内后视镜安装在车身内部，驾驶员可方便地对其进行调节；而外后视镜安装在车身外部，有的安装在车门上，有的安装在前翼子板上。外后视镜距离驾驶员较远，调整它的位置比较困难，尤其是前排乘客车门一侧的后视镜。因此，大部分轿车都把后视镜做成电动的，以便通过控制开关对后视镜进行控制，如图5-8所示。

（a）后视镜　　　　　　　　（b）操纵电动后视镜

1—后视镜；2—遥控开关/选择开关　　1—遥控开关；2—选择开关

图5-8　电动后视镜

2. 电动后视镜组成及结构

轿车的电动后视镜由直流电动机、连接机构、镜面和支架等组成。每个后视镜均有两套电动机驱动机构，驾驶员可通过遥控开关和选择开关进行操纵，如图5-9所示。可对镜面的角度进行上、下偏转和左、右偏转调节，调节范围为20°～30°。

图5-9　电动后视镜电路

五、防盗系统

汽车防盗系统是为防止汽车本身或车上的物品被盗所设的系统。它由电子控制的遥控器或钥匙、电子控制电路、报警装置和执行机构等组成。最早的汽车门锁是机械式门锁，只是用于汽车行驶时防止车门自动打开而发生意外，只起行车安全作用，不起防盗作用。随着计算机技术的高速发展，整个系统向着数字化、网络化、集成化的方向发展。

1. 组成

防盗系统由防盗 ECU、故障警告灯、读识线圈（天线）、带脉冲转发器的点火钥匙（送码器）、发动机 ECU、防盗车电路、内外防劫车电路、物品防窃电路、高压自卫电路和报警声响电路等组成。

2. 结构

目前汽车防盗系统按其结构可分为五大类，即机械式、芯片式、电子式、网络式和生物识别防盗锁。

（1）汽车机械式防盗锁

汽车机械式防盗锁有 3 种产品：一是方向盘锁，闭锁后方向盘不能转动；二是排挡锁，闭锁时不能挂挡；三是油路锁，用于控制汽车油路通或堵的一种防盗型油路开关。

（2）汽车电子式防盗锁

电子式防盗锁是目前在车辆中应用最广的防盗锁之一，分为单向和双向两种。单向的电子防盗系统的主要功能是：车的开关门、震动或非法开启车门报警等，也有一些品牌的产品根据客户的需求增加了一些功能，如用电子遥控器来完成发动机起动、熄火等。双向可视的电子防盗系统相比单向的先进不少，能彻底让车主知道汽车现实的情况，当车有异动报警时，遥控器上的液晶显示器会同时显示汽车遭遇的状况，不过缺点是其有效范围只有 100~200m。

（3）芯片式数码防盗锁

发动机防盗锁止系统（Immobilizer）是在通用的汽车防盗系统（VATS）基础上发展起来的，在防盗原理上传承了 VATS 的思路，即利用钥匙中芯片的密码与起动电门中的密码进行匹配来控制发动机的起动，以达到防盗的目的。对于装有发动机防盗锁止系统的汽车，即使盗车者打开车门，也不能起动发动机开走汽车。其基本配置如图 5-10 所示。

图 5-10　芯片式数码防盗锁

通过在点火钥匙中装设带有固定 ID 的芯片，使得只有钥匙芯片的 ID 与发动机的 ID 相匹配时，汽车才能起动。如果不一致，发动机无法起动。当车主转动钥匙发动车辆时，基站发射低频信号开始认证过程。钥匙端应答器工作能量由基站低频信号提供，在认证过程中，置于钥匙中的应答器首先发送自身的 ID 号，通过基站芯片的验证后，基站会发出一串随机数和 MAC 地址，同时应答器做出回应。为了提高安全性，每次发送的信号都是经过加密的数据。点火钥匙的工作原理如图 5-11 所示。

IMMO 主要通过引擎控制单元 ECU 来控制发动机，整个方案包括低频收发器、MCU、稳压器和通信接口芯片（例如 CAN、LIN 收发器）。在尺寸的限制下，NXP 推出新一代的单芯片解决方案，将这些芯片用一块专用 IC 来实现。它包括了 LIN 收发器、稳压器及数字逻辑单元，实现了单芯片的远程 ECU 通信，只需要三根线（Power、GND 和 LIN）就可以实现 IMMO 功能。

图 5-11　点火钥匙的工作原理

（4）GPS 网络防盗器

GPS 网络防盗器的工作原理是：利用接收卫星发射信号与地面监控设备和 GPS 信号接收机组成全球定位系统，由卫星星座连续不断地发送动态目标的三维位置、速度和时间信息，同时要保证车辆在地球上的任何地点、任何时刻都能收到卫星发出的信号。GPS 主要是靠锁定点火或起动来达到防盗的目的，同时还可通过 GPS 卫星定位系统，将报警处和报警车辆所在位置无声地传送到报警中心。因此，只要每辆移动车辆上安装的 GPS 车载机能正常的工作，再配上相应的信号传输链路（如 GSM 移动通信网络和电子地图），建一个专门接收和处理各个移动目标发出的报警和位置信号的监控室，就可形成一个卫星定位的移动目标监控系统。

（5）生物识别防盗锁

指纹锁（见图 5-12）是利用每个人不同的指纹图形特征制成的一种汽车门锁，它属于生物识别防盗锁的范畴。制作时先在锁内录入车主的指纹图形。当车主开启车门时，只要将手指往门锁上一按，如果指纹图形相符，车门即开。眼睛锁是利用视网膜图纹来控制的汽车门锁，是另一种生物识别防盗锁，这种锁内设有视网膜识别和记忆系统，车主开锁时只需凑近门锁看一眼，视网膜图形与记录相吻合时，车门会自动打开，但缺点是价格昂贵。一般使用这种防盗系统的都是中高档轿车，经济性轿车一般不需要安装如此高档的防盗系统。

图 5-12　指纹锁

六、空调系统

1. 汽车空调系统组成

汽车空调是汽车内空气调节系统的简称，它是指在汽车封闭的空间内对温度、湿度及空气的清洁度进行调节，使汽车车厢内的空气处于比较理想的状态，从而让驾驶员和乘客感到舒服。汽车空调具有四大功能：温度调节、湿度调节、空气的过滤清洁和空气的循环更换。其中，温度调节是汽车空调最主要、最基本的功能。

汽车空调系统包括制冷系统、暖风系统、通风与空气净化系统和控制系统等部分。由于暖风系统较为简单，故空调系统一般指制冷系统。制冷系统主要用于在炎热天气下对车内空气或外部进入车厢内的新鲜空气进行降温与除湿，使车厢内凉爽；采暖装置主要用于对冬季车厢内空气或进入车厢内的新鲜空气进行加热和除湿，达到供暖效果；通风装置主要对车内引入的新鲜空气进行强制性通风和换气，保证车内空气清洁和对流；空气净化装置是除去车厢内的异味和尘埃，使空气清新。将以上装置按照一定的布置形式安装在汽车上，便组成完整的汽车空调系统。但一些车辆为降低成本简化了结构，仅为了适应热带或寒带的特点，装有制冷系统或采暖通风装置。

汽车空调系统组成如图5-13所示。

49 汽车制冷系统组成

图 5-13　汽车空调系统

2. 制冷系统的构造

汽车空调制冷系统由压缩机、冷凝器、储液干燥器、膨胀阀、蒸发器、散热风扇、管道及制冷剂等组成。

（1）制冷剂

制冷剂俗称冷媒，又称制冷工质，是制冷系统中用于转换热量、完成制冷循环的工作介质（即作为热量交换的介质）。汽车制冷剂有R-134a（四氟乙烷）与R12（二氯二氟甲烷），如图5-14所示。

（a）R-134a　　（b）R12

图 5-14　制冷剂

以前汽车的空调系统大多采用R12作为制冷剂，但由于泄漏的R12会破坏地球的臭氧层，危害人类的健康，因此这种制冷剂已被列为淘汰产品。国家规定2000年以后生产的新车不得再使用R12作为汽车空调的制冷剂。因此，它被更环保的R-134a所取代。

R-134a是目前一种比较理想的绿色环保制冷剂，它不会破坏地球的臭氧层。其蒸发温度为−26.18℃，凝固温度为−101℃，安全性高，不易燃，不爆炸，无毒，无刺激，无腐蚀性，蒸发潜热高，比定压热容大，流动性好，热传导效果好，具有较好的制冷能力。R-134a和R12不能互换，否则会损坏空调系统。

制冷系统主要是利用物质的气化吸热、冷凝放热的物理特性。物质由液体变为气体时，需要吸收热量，液体的气化使液体的温度降低，制冷剂从环境物体吸热，环境物体提供热量。物质由气体变为液体时，需要放出热量，制冷剂向环境物体放热，气体的液化使环境物体吸热。

在整个制冷过程中，制冷剂只有物理变化，没有化学反应。

（2）压缩机

① 安装位置。空调压缩机（见图5-15）安装在蒸发器与冷凝器之间，由曲轴皮带带动。

② 功用。空调压缩机是制冷剂循环的动力源，起着压缩和输送制冷剂蒸气的作用，即把低温低压的制冷剂转变为高温高压的制冷剂并输送给冷凝器。空调压缩机是制冷系统中低压和高压、低温和高温的转换装置（分界点）。

③ 工作原理。空调压缩机的接通或断开由电磁离合器来控制，而电磁离合器由空调控制单元控制。离合器的电磁线圈实际上是一个电磁铁，当离合器没有接合时，压缩机轴不运转，制冷剂也不循环；当通电以后电磁半圈产生磁场，吸住压板，将皮带轮和压板锁住，把驱动皮带轮的功率传到压缩机，从而驱动压缩机主轴旋转，产生压力，引起制冷剂循环。一旦切断电流，磁场就会消失，靠弹簧作用使压板与皮带轮脱开，压缩机停止工作。

图 5-15　压缩机

（3）电磁离合器的组成

电磁离合器由皮带轮、压盘（盘状衔铁）及电磁线圈等组成，如图5-16所示。其类型有盘状衔铁式和弹簧片式等。

图 5-16　电磁离合器的组成

（4）储液干燥器

① 安装位置。储液干燥器安装在冷凝器和蒸发器之间。

② 功用。储液干燥器是液态制冷剂的一个储存箱，它可除去制冷剂中的异物和水分，并能从它上方的玻璃液窗观察制冷剂的数量。

③ 结构。储液干燥器内部由干燥剂和过滤装置构成（见图5-17）。干燥剂一般可用硅胶或分子筛。因 R-134a 与 R12 的特性不同，分子大小不同，故需采用不同的干燥剂。过滤装置一般由多层不同网目的金属滤网构成，由铜丝布、纱布及药棉等材料填叠而成。

④ 工作原理。高温高压液态制冷剂进入储液干燥器，流过过滤区，将各种悬浮颗粒留在过滤区中；经过干燥区时，除去所含的水气，过多的制冷剂储存在储液干燥器的底部，制冷剂由输液

管出口排出。

50 储液干燥器外部结构

图 5-17　储液干燥器

有些汽车空调系统的视液镜安装在过滤器与膨胀阀之间，通过视液镜观察玻璃显示不同的颜色或气泡，可以判断制冷剂多少及系统含水分的情况，如图 5-18 所示。

图 5-18　观察示意图

（5）高低压力开关

① 安装位置。压力开关（见图 5-19）装在冷凝器出液管或储液干燥器上。

② 作用。当压力低于或高于规定值时使压缩机停止工作，起到保护制冷系统不被损坏的作用。它直接把电信号反馈给电控单元 ECU，通过 ECU 来控制压缩机继电器工作与否。

（6）冷凝器

① 安装位置。冷凝器（见图 5-20）一般安装在汽车车头、侧面或车底，通常设置在散热器前面。

图 5-19　压力开关

② 功用。把压缩机排出的高温高压制冷剂蒸气，通过向车外空气散发热量，转变为高温高压液体。

③ 结构。冷凝器一般采用铝材料制造，按照结构类型分为管片式、管带式和平行流式 3 种。

51 管带式冷凝器

图 5-20　冷凝器结构及原理

（7）蒸发器

① 安装位置。一般安装在膨胀阀与压缩机之间，安放在仪表台中的空调总成内。

② 功用。蒸发器也是热交换装置，功能与冷凝器相反，其将节流降压后的雾状制冷剂，通过吸收流经蒸发器空气的热量，从而蒸发气化成制冷剂蒸气。

③ 结构。一般采用铝制造，蒸发器的结构（见图 5-21）与冷凝器相似，按照结构类型也分为管片式、管带式和层叠式 3 种。

④ 工作原理。空调系统工作时，来自节流装置的低压雾状制冷剂通过蒸发器管道时，液态制冷剂在低压下蒸发，利用蒸发潜热来冷却空气。热、湿空气通过蒸发器时，碰到冰冷的金属管芯和传热片，空气骤冷下来，空气中的水汽被凝结沿金属壁流下排出，冷而干的空气被送入车内，使车厢温度下降，环境舒适。同时低压雾状制冷剂变为低压气态制冷剂，并回到压缩机。在蒸发器前面安装有一个温度传感器，用于检测蒸发器的温度，并将该信息提供给空调的控制单元，以避免蒸发器结霜。设定界限一般在 2.8℃。

入口

出口

管子

翅片

52 管带式蒸发器

图 5-21　蒸发器结构

（8）膨胀阀

① 安装位置。膨胀阀（见图 5-22）一般安装在蒸发器入口处。

② 功用。膨胀阀起到节流降压和自动调节制冷剂流量的作用。

● 节流降压：它使从冷凝器来的高温高压液态制冷剂节流降压成为容易蒸发的低温低压雾状制冷剂，制冷剂进入蒸发器后，在蒸发器内完全蒸发。

● 自动调节制冷剂流量：热力膨胀阀可根据系统冷负荷需要量的变化自动地调节制冷剂流量，以满足制冷循环要求。

53 内平衡式膨胀阀

③ 类型。主要有内平衡式和外平衡式两种类型。外平衡式膨胀阀又分为 F 型和 H 型两种结构类型。

压缩机

膨胀阀

蒸发器

冷凝器

储液干燥器

（a）安装图

（b）膨胀阀实物图

图 5-22　膨胀阀

3. 制冷系统工作原理

制冷系统是利用制冷剂（R12 或 R-134a）由液态转化为气态过程中需要吸收热量及制冷剂由气态转化为液态过程中对外放出热量的原理来达到降温目的。如图 5-23 所示，压缩机在发动机曲轴驱动下经传动带轮和电磁离合器带动旋转，吸入来自蒸发器中的低温制冷剂蒸气，将其压缩成为温度为 70℃～80℃、压力为 1.3～1.5MPa 的高温高压制冷剂气体，经高压管路送入冷凝器。进入冷凝器的制冷剂气体经散热后温度下降为 50℃，压力为 1.3～1.5MPa 的液态制冷剂。高温高压液态制冷剂进入储液干燥器，去除水分和杂质，然后经高压管路送至膨胀阀，经膨胀阀节流变为压力 0.15～0.3MPa，温度为 1℃～4℃ 的低温低压雾状制冷剂喷入蒸发器。制冷剂在蒸发器中吸收周围空气的热量而沸腾汽化，从而使蒸发器及其周围空气温度降低，蒸发器周围将始终保持较低的温度。送风机将空气吹过蒸发器表面，使冷气送进车厢。由于吸热，制冷剂气体到达蒸发器出口时温度升至 5℃ 左右。如果压缩机不停地运转，汽化的制冷剂又被压缩机吸入，从而使上述工作过程将不断地循环下去。同时，当车厢内空气湿度较高时，空气经蒸发器表面，空气中的水蒸气会在蒸发器表面凝结成液体流到车外，使车厢空气中的水分减少，达到除湿的目的。

图 5-23　制冷原理

4. 汽车空调制冷系统的控制电路

随着计算机控制技术的发展，许多车辆上都采用了微机空调系统，能为车厢提供并保持舒适的温度。如图 5-24 所示为五菱小旋风汽车空调系统基本电路，主要包括电源电路、电磁离合器控制电路、鼓风机控制电路和冷凝器冷却风扇控制电路等。

打开点火开关，电流从 F5 经鼓风机继电器到鼓风机开关，如打开鼓风机开关时，鼓风机继电器搭铁被接通，鼓风机工作。由于电阻值的原因，2、3、4 挡的转速不同。

当打开 A/C 开关时，电流经 A/C 开关流向 ECU。如符合以下两个条件，ECU 则接通压缩机继电器与冷凝器继电器的搭铁，压缩机开始工作。

① 车外温度大于 8℃。

② 高低压压力开关在 0.15～1.80MPa 接通。

54 汽车空调制冷
系统的控制

图 5-24　五菱小旋风汽车空调制冷系统控制电路

5. 空调暖风系统

空调暖风系统利用发动机冷却液给车内空气或由外部进入车内的新鲜空气加热，以达到取暖、除湿的目的。在冬天还可以给前、后风窗玻璃除霜/除雾。暖风系统由加热器、热水控制阀、水管和发动机冷却液组成，其结构如图 5-25 所示。

图 5-25　暖风系统结构

轿车一般采用水暖式暖风系统。水暖式暖风系统一般以水冷式发动机冷却系统中的冷却液为热源，将冷却液引入车内的热交换器中，用鼓风机送来的车内空气（内气式）或车外空气（外气式）与热交换器中的冷却液进行热交换，鼓风机将加热后的空气送入车内。

水暖式暖风系统以水泵作为冷却液循环的动力。不使用暖气时，冷却液通过上部软管进入散热器，散热后的冷却液由散热器下水管回到发动机。使用暖气时，经发动机上的热水控制阀分流出来的冷却液送入暖风机的加热器，放热后的冷却液由加热器回水管回到发动机。冷空气则在鼓风机的作用下，通过加热器被加热后，由不同的风口吹往车内。

6. 空调通风、净化系统

如图 5-26 所示，通风、净化系统主要是控制汽车内空气的循环、流向，并净化车内空气。

图 5-26　通风、净化系统

驾驶员根据需要，使空气进行内循环或外循环，对车内空气进行置换的同时，控制气流的流向以达到制冷、加热及通风的功效。通风系统包括鼓风机、空气滤清器、进风口、风门、风道及出风口。

空气净化系统的作用原理是：在通风口处加装灰尘滤清器或活性炭过滤器，除去车内空气中的尘埃、异味。

七、汽车制冷系统的检测

1. 空调歧管压力表

（1）作用

空调歧管压力表（见图 5-27）是维修制冷系统的重要设备，主要用于检测制冷系统高、低压侧的压力，充注制冷剂，加注润滑油，系统抽真空和系统排放等工作。

图 5-27　空调歧管压力表

（2）组成及功能

空调歧管压力表由高压表、低压表、高压手动阀、低压手动阀、三条检测软管及接头组成。歧管压力表的两个压力表中，一个用于检测冷气系统高压侧的压力，另一个用于检测低压侧的压力。低压侧压力表既用于显示压力，也用于显示真空度。压力表都装在一个表座上，下部有 3 个通路接口，通过两个手动阀和三条检测软管组合使用。

（3）歧管压力表的连接

① 关闭歧管压力表的高、低压手动阀门。

② 将歧管压力表的检测软管接到制冷系统的检修阀上，高压侧软管接头与高压侧检修阀相连，低压侧软管接头与低压侧检修阀相连。

③ 连接时，要保证连接牢固，接头能顶开检修阀的气门芯。

④ 中间黄色检测软管按需要连接真空泵、制冷剂罐或者密封、放空。

2. 抽真空

空调系统一经开放就必须抽真空，以清除可能进入空调系统的空气和水分，如图 5-28 所示。

55 空调系统抽真空

图 5-28　抽真空

空调系统抽真空操作步骤如下。

① 将歧管压力表与空调系统相连，将歧管压力表的中间软管接到真空泵进口。

② 打开高压和低压侧手动阀并起动真空泵。如果打开低压手动阀，高压表进入真空范围，说明系统中没有阻塞。

③ 大约 10min 后，检查低压表真空值，若大于 80.0kPa，关闭高压和低压侧手动阀并停止真空泵工作。5min 后，检查低压表真空值有无变化，如有变化则应检查和修理渗漏处；如果没有渗漏，继续抽真空，直至低压表读数为 99.98kPa。

④ 关闭高压和低压侧手阀，停止真空泵工作。5min 或更长时间后，检查低压表读数是否有变化，若无变化即可向空调系统充入制冷剂。

3. 制冷剂的充注

（1）高压侧充注法

将制冷剂从压缩机高压侧充注到制冷系统，注入的是制冷剂液体，所以加液速度快，这种充注法适用于首次向制冷系统充注制冷剂。

在停机状态下进行操作，操作步骤如下。

① 制冷剂注入之前，要排除制冷剂注入管道中的空气。

② 完全打开高压侧手动阀，并保持制冷剂罐倒置。

③ 制冷剂充入制冷系统后，关闭高压手动阀。

④ 高压表显示值达到 1.2～1.6MPa 时即可停止注入制冷剂。

（2）低压侧充注法

将制冷剂从压缩机低压侧充注到压缩机内，注入的是制冷剂气体，所以充注速度慢，这种充注法适用汽车空调制冷系统制冷剂不足时补充添加。

在压缩机运转的情况下进行充注，操作步骤如下。

① 排除制冷剂注入管道中的空气。

② 制冷剂罐竖直向上放置，避免液态制冷剂的吸入，以防止压缩机产生液击、冲缸，打开低压侧手动阀，调节手动阀使低压表读数不超过 412kPa。

③ 将发动机置于快怠速（2 000r/min），并使空调系统运行。

④ 充入规定数最制冷剂后，低压表显示值达到 0.15～0.25MPa 即可停止注入制冷剂。关闭低压侧手动阀。

在充注时，将制冷剂罐浸入热水（最高温度 40℃）中可加快注入速度。

4. 空调系统检漏

制冷剂在短时间大量减少，应该进行泄漏检查。检漏方法有目测法、肥皂液检测法、着色剂检测法、卤族元素检漏灯检测法和电子检漏仪检测法。

① 目测法。观察管路接头处，有漏的地方一般会沾有带油的灰尘（直观有效）。

② 肥皂液检测法。把肥皂液（洗手液）溶于水中搅拌形成细泡沫，把泡沫涂在怀疑有泄漏的接头处，如有泄漏会不断有泡沫冒出。此种方法较常用。

③ 着色剂检测法。用棉球蘸着制冷着色剂，这种着色剂一碰到制冷剂就会变成红色。这种方法也很准确，但价格较昂贵，修理厂很少使用。

④ 卤族元素检漏灯检测法。价格便宜，灵敏度高，但使用麻烦且不够安全，现很少使用。

56 手动高压端加注制冷剂

57 手动低压端加注制冷剂

58 空调系统检漏

任务实施

一、空调压缩机连接器故障排除

1. 准备工作

将工位卫生清理干净，准备好与空调相关的工具、材料等，如图 5-29 所示。

● 设备：丰田卡罗拉整车一辆。

● 工具及耗材：数字式万用表、检漏仪、空调回收仪、空调压力表及附件、制冷剂 R-134a 和毛巾等。

2. 安装三件套

① 安装车轮挡块。

② 打开引擎盖，安装翼子板及前格栅布，如图 5-30 所示。

3. 检查发动机机油、测量蓄电池电压

检查机油应在正常位置，蓄电池电压为 12.09V（正常），如图 5-31 所示。

图 5-29　准备材料

图 5-30　安装翼子板及前格栅布

4. 检查空调压缩机（压缩机电磁阀）

检查空调压缩机电磁阀，如图 5-32 所示。

图 5-31　检查发动机机油、测量蓄电池电压

没有线束连接的零部件：
（空调压缩机（压缩机电磁阀））

SOL+　　SOL-

图 5-32　检查电磁阀

检查步骤如下。

① 断开空调压缩机连接器。

② 测量端子 1 和 2 之间的电阻。测得电阻值为 10.4Ω。

表 5-1　　　　　　　　　检测仪连接、条件及标准电阻规定状态（一）

检测仪连接	条　件	标准电阻规定状态
B7-2（SOL+）—B7-1（SOL-）	20℃（68℉）	10～11Ω

5. 检查线束和连接器（空调压缩机—车身搭铁）

① 断开空调压缩机连接器。

② 测量 B7-1（SOL-）端子与车身搭铁电阻，如图 5-33 所示。测得电阻值为 0.002Ω。

线束连接器前视图：
（至空调压缩机（压缩机电磁阀））

SOL-

图 5-33　检查线束和连接器

表 5-2 检测仪连接、条件及标准电阻规定状态（二）

检测仪连接	条件	标准电阻规定状态
B7-1（SOL-）—车身搭铁	始终	小于 1Ω

6. 检查线束和连接器（空调压缩机—空调放大器）

① 断开空调压缩机（压缩机电磁阀）连接器，如图 5-34 所示。

② 断开空调放大器连接器，如图 5-35 所示。

线束连接器前视图：
（至空调压缩机（压缩机电磁阀））

线束连接器前视图：（至空调放大器）

图 5-34 断开空调压缩机连接器   图 5-35 断开空调放大器连接器

③ 测量电阻。测得电阻分别为：E62-7—B7-2 之间的电阻为 0.004Ω，E62-7—车身搭铁为无穷大，如图 5-36 所示。

表 5-3 检测仪连接、条件及标准电阻规定状态（三）

检测仪连接	条件	标准电阻规定状态
B62-7（SOL+）—B7-2（SOL+）	始终	小于 1Ω
E62-7（SOL+）—车身搭铁	始终	10kΩ或更大

7. 更换连接器

8. 启动汽车打开空调，检查故障，无故障码，故障已经排除

9. 收工具，清洁、整理场地

二、制冷剂的加注

1. 准备工作

将工位卫生清理干净，准备好与空调相关的工具、材料等，如图 5-37 所示。

图 5-36 测量电阻   图 5-37 准备材料

● 设备：丰田卡罗拉整车一辆。

● 工具及耗材：数字式万用表、检漏仪、空调回收仪、空调压力表及附件、制冷剂 R-134a 和毛巾等。

2. 安装三件套

① 安装车轮挡块。

② 打开引擎盖，安装翼子板及前格栅布，如图 5-38 所示。

3. 检查发动机机油、测量蓄电池电压

检查机油应在正常位置，蓄电池电压为 12.09V（正常），如图 5-39 所示。

图 5-38　安装翼子板及前格栅布

图 5-39　测量蓄电池电压

4. 车上检查

① 起动车辆，将车门全打开，温度设置到"MAX COLD"，鼓风速度调到"HI"，空调开关打到"ON"位置。

② 检查制冷剂。检查空调管和附件上的观察孔，如图 5-40 所示。

③ 目测检查时，在观察孔上方看见有气泡。用检漏仪检查发现无泄漏现象，如图 5-41 所示。

图 5-40　检查空调管和附件上的观察孔

图 5-41　用检漏仪检查

5. 用歧管压力表组件检查制冷压力

用歧管压力表组件检查制冷压力，如图 5-42 所示。测得高压侧压力为 1.0 MPa，低压侧压力为 0.10MPa，低于正常值。

6. 加注制冷剂

连接好仪器，加注制冷剂直到高低压力表的数值都处于正常范围内，如图 5-43 所示。注意：

加注前压下中间的阀门，把连接管的空气排完。

图 5-42　检查制冷压力

图 5-43　加注制冷剂

7. 启动汽车打开空调，空调工作正常
8. 收工具，清洁、整理场地

1. 按要求加注制冷剂。
2. 排除空调常见的故障。

张先生开了两年多的卡罗拉汽车，在使用空调制冷时，打开空调开关，发现各出风口正常出风，但不是凉风；把温度滑键开到最冷，仍然不出凉风。请根据所学知识分析其故障发生的原因并制定解决方案，根据方案排除故障。

请按照手册上的流程将故障排除。